BOSS MAMA

À toutes celles et ceux qui ont cru en moi,
parfois plus que moi-même,
et à ma grand-mère Yvette,

"Dream Big,
Start Small,
but most of all, start."

Simon Sinek

Introduction

Je me suis longuement posé la question d'écrire un livre sur l'entrepreneuriat. Le dernier livre que j'avais écrit était un roman, *Une ombre chacun*, paru en 2018. Dans ma vie d'*avant*, j'étais professeure de littérature et artiste. J'avais écrit un livre, des scenarii, une thèse de littérature, mais un manuel sur l'entrepreneuriat, cela ne me serait jamais venu à l'idée. J'aimais l'idée que l'écriture, même dans ma vie *d'après*, une fois devenue entrepreneure, resterait réservée au domaine de l'art, de la fiction, de la littérature et que je pourrais garder ainsi un peu de mes deux mondes intacts. D'un côté, celui de l'entrepreneuriat qui était mon quotidien, et, de l'autre, celui de l'écriture, que j'avais bassement délaissé faute de temps depuis que j'avais monté JOONE, ma deuxième start-up.

En octobre 2022, me voilà invitée à un événement, comme j'en fais assez fréquemment, pour parler à de futurs entrepreneurs. J'essaie de participer à plusieurs événements de ce type chaque année afin de pouvoir rendre ce qu'on m'a donné à l'époque de la création de ma première start-up,

MommyVille : des conseils, des feedbacks, du temps, pour apporter des éléments de réponse à de futurs entrepreneurs en demande, pour qui rien qu'une heure bloquée dans un emploi du temps surchargé peut malgré tout avoir un impact.

Dans ces salons pour entrepreneurs, ces conférences, ces *keynotes*, ces *fireside chats*, je racontais souvent la même chose, avec peu ou prou de largesse en fonction du temps et de la thématique. Mais cela revenait très souvent à un sujet essentiel : la création de JOONE et avec elle, l'histoire de l'hypercroissance, le partage d'expérience, les conseils que j'aimerais donner, et voilà, en vingt, quarante ou soixante minutes, on faisait le tour des six dernières années de ma vie.

Je me souviens très bien de ce jour car c'était un samedi. Il est rare que les événements professionnels se déroulent le week-end. Celui-ci, organisé par la région Île-de-France avec le groupe Les Échos-Le Parisien, visait justement les jeunes professionnels en activité qui s'intéressaient à l'entrepreneuriat, d'où la programmation du week-end, pour permettre à chacun de venir en dehors d'un jour ouvré.

Il est rare que j'accepte des rendez-vous le samedi (on abordera ce sujet dans le chapitre sur mon organisation). Je l'avais fait en sachant donc qu'il fallait trouver une nounou et ne pas s'attarder afin de rentrer dans les temps pour la libérer, mais aussi pour profiter de mon fils que je vois peu la semaine. À la fin de mon intervention aux côtés de la journaliste Célia Pénavaire, après la traditionnelle séance de questions/réponses, mon départ rapide m'a laissé un sentiment de fuite. Très fréquemment, à la fin de ces séances, nous prévoyons toujours un vrai temps de battement, un petit moment pour continuer de discuter de manière informelle ; là, c'était impossible. Plusieurs de ces futurs jeunes entrepreneurs m'ont accompagnée jusqu'à la sortie pour me poser des questions alors que je marchais vers mon taxi. J'avais le sentiment très désagréable de les laisser en plan alors que je n'avais qu'une envie : partager encore et prendre le temps de leur répondre pour, qui sait, peut-être, leur donner le conseil pertinent qui les aiderait vraiment.

En m'engouffrant dans ce taxi, même si je savais que je le faisais pour de bonnes raisons, je me suis sentie mal et je me suis dit qu'un livre, *ce livre*, serait l'occasion de mettre enfin noir sur blanc tout ce que je ne pouvais pas dire au quotidien, ni dans ces conférences, ni sur Instagram ou Twitter ou LinkedIn où j'essaie pourtant d'être active, ni dans les programmes de mentoring comme SISTA ou Station F où j'essaie d'être aussi présente que possible… faute de temps !

Alors en ce soir d'hiver, chaussant mes plus belles lunettes, emmitouflée dans un confortable jogging en laine, alors que mon fils et mon équipe de JOONE dorment probablement paisiblement, je me lance dans la rédaction de ce livre qui ne sera ni une fiction ni ma biographie, mais pour partager pleinement, sans fard et sans filtre, cette expérience d'entrepreneuriat qui est la mienne, celle d'une femme qui est née et qui a vécu une bonne partie de sa vie en province, qui n'a pas fait d'école de commerce, qui a grandi dans un milieu où l'éducation et la culture priment sur le « business », dans une famille issue de la classe moyenne ne connaissant rien au monde des affaires, et qui a pourtant monté une entreprise qui a réussi à prendre plus de 3 % de parts de marché à un géant américain en cinq ans.

COMMENT TOUT A COMMENCÉ

En avril 2021, peu de temps avant mon départ en congé maternité, une de mes employées historiques m'a annoncé qu'après quatre années chez JOONE, elle souhaitait partir vivre en province. Nous avons parlé, ri, versé quelques larmes et au hasard de la discussion, je lui ai demandé pourquoi elle avait choisi, quatre ans plus tôt, quand nous n'étions qu'une petite start-up tout à fait inconnue, de nous rejoindre plutôt que de rester dans le confort de la grande entreprise où elle avait effectué un *graduate program*, une sorte de long stage très bien payé, une autoroute pour intégrer le groupe à un poste intéressant. Sa réponse m'a beaucoup surprise : « Je suis venue travailler chez JOONE pour toi car en bossant pour une femme à la tête de sa propre boîte, je me suis dit que je pourrais monter plus facilement et qu'il n'y aurait justement pas de discrimination à l'égard des femmes[1]. »

En quatre ans, elle est en effet parvenue à créer intégralement notre programme CRM* et Fidélité dans plusieurs pays, monté une équipe de presque dix personnes et avait également pris la direction de l'équipe du service client, les fameux CHA[2] de JOONE. Je n'ai jamais pensé que sa promotion puisse être ralentie par le fait qu'elle était une femme. Pour moi, elle était tout simplement la meilleure à ce poste et, à ce titre, femme ou pas, elle devait grandir au sein de l'entreprise parce qu'elle avait tant à contribuer. Pour moi, il est inconcevable que le genre puisse être un problème, un frein. Pourtant, ça peut malheureusement être le cas.

C'est elle qui avait raison. Les femmes sont terriblement sous-représentées dans les postes managériaux. Si elles représentent environ 40 % des effectifs d'une société, elles ne forment plus que 20 % de la force managériale[3], même dans notre monde actuel, même après la libération de la parole féministe, les mouvements prônant la fin du patriarcat, l'ère post- « MeToo ». Les choses changent, certes, mais elles changent *très, trop lentement.*

J'aurais pu vous dire que la notion de limitation en lien avec mon genre m'était apparue très tôt dans ma carrière professionnelle, mais ça serait mentir. Par chance, ou par hasard, ma jeunesse et mes choix de formation m'ont orientée vers des professions où le genre ne me paraissait pas être un sujet tabou ni l'objet d'un manque d'opportunités. Depuis que j'étais enfant, je ne m'étais jamais dit que je serais limitée parce que j'étais une femme, certainement parce que j'ai grandi entourée de femmes, ma mère, ma sœur, mes deux grands-mères, toutes avec beaucoup de caractère et qui vivaient dans une grande indépendance.

J'ai grandi en Auvergne avec une grande sœur, Claire, de quatre ans mon aînée. Mes deux parents étaient fonctionnaires, mon père était professeur de mathématiques et ma mère, professeure des écoles, tous deux retraités désormais. Ils ont divorcé quelques mois après ma naissance et j'ai grandi chez ma mère depuis mon plus jeune âge. Ma grand-mère paternelle était également institutrice, tout comme l'était le père de mon père ; le frère de ma mère était éducateur de la Protection judiciaire de la jeunesse : dans notre famille, une grande majorité de gens travaillaient dans la fonction publique.

Dans l'Éducation nationale, ai-je appris très jeune, la promotion est liée à des facteurs très clairs et précis, des barèmes de points alloués non pas en fonction du genre, pas non plus du mérite ou de la qualité de l'enseignement proposé, mais en fonction de l'âge, du nombre d'années d'expérience et de la localisation géographique. Quand on commence sa carrière de professeur, on sait presque avec certitude quel salaire on percevra au bout de dix ou quinze ans, modulo les visites de l'inspecteur académique qui favorise rarement les meilleurs ni ne recale les plus mauvais (ce qui est à mon sens un des écueils de l'Éducation nationale, mais c'est un autre débat).

Le fait d'être une femme n'entre pas dans la matrice, seul peuvent jouer de manière favorable le nombre d'enfants ou le statut marital pour favoriser les mutations afin d'opérer un rapprochement familial. Ayant grandi entourée d'adultes baignant dans ce système, le monde me donnait l'impression d'être plutôt égalitaire, valorisant les études, la lecture, les arts, les sciences comme moyens de progresser. Je ne me rappelle pas avoir un jour eu le sentiment que la réussite passait par autre chose que de brillantes études. Il fallait avoir les félicitations, finir dans les premiers de la classe, avoir des mentions aux examens. J'ai d'ailleurs pleuré toutes les larmes de mon corps le jour du bac car je n'avais eu "*que*" mention « Assez Bien », à quelques décimales de la mention « Bien » que je voulais obtenir. Je profite de ce livre pour m'excuser auprès d'Andy, un copain de lycée, qui n'avait pas eu son bac ce jour-là et m'a pourtant consolée sur les bancs du lycée Blaise-Pascal à Clermont-Ferrand. C'est vous dire à quel point les études étaient pour moi l'unique critère de réussite à cette époque ! Beaucoup de choses ont changé depuis. La preuve : je travaille dans un domaine pour lequel je n'étais pas du tout formée.

Dans mon enfance, la notion d'argent n'était pas non plus très présente, ni dans le bon ni dans le mauvais sens du terme. En tant qu'enseignants, mes parents avaient un niveau de vie très correct, sans faste ni privilèges, et nous n'étions pas matériellement dans le besoin. Je n'ai jamais manqué de rien mais je réalisais bien que j'avais moins de choses que la plupart de mes copines d'école ou de collège.

Avec ma maman, nous vivions dans un lotissement HLM, et je partageais ma chambre avec ma sœur lorsque j'allais dormir chez mon père. Comme mes parents étaient tous les deux professeurs, nous passions les deux mois de nos vacances d'été ensemble, nous allions souvent en vacances dans des campings du groupement des campeurs universitaires de France (GCU) ou bien dans des locations avec nos grands-parents. Nous faisions des randonnées, allions à la piscine, à la bibliothèque, visiter des musées, sur la route du Tour de France. C'étaient toujours les expériences qui étaient privilégiées, le fait d'être réunis et de vivre des choses ensemble. Nous restions toujours en France, et je n'ai pris l'avion pour la première fois qu'à vingt ans lorsque je suis allée aux États-Unis pour ma 3e année de fac.

Aujourd'hui encore, je reste assez peu attachée au matériel. Même à trente-huit ans, je ne possède pas grand-chose à part ma société. Je ne suis pas propriétaire de mon appartement, je n'ai pas de bijoux de valeur, je ne possède aucune œuvre d'art, ni même de voiture. Depuis quelques années, les marques me prêtent des tenues pour les événements ou les émissions auxquels je participe et les dépenses les plus importantes que j'ai faites dans ma vie sont celles réalisées pour mes animaux et pour m'acheter deux jolis sacs à main. Mon plus gros poste de dépenses à l'année, ce sont les vacances pour pouvoir bien décompresser et pouvoir le faire avec mes proches, finalement un peu comme mes parents le faisaient quand j'étais petite.

Le monde dans lequel j'ai grandi me semble désormais assez loin mais il a profondément marqué la vision que j'ai du capitalisme et de ce que doit être une entreprise. Je dis souvent que je n'ai jamais travaillé dans une entreprise privée à part la mienne, ce qui est presque vrai. J'ai eu des jobs d'été depuis mes dix-sept ans pour compléter ce que me versaient mes parents et les bourses du CROUS pendant mes études et pour payer le petit appartement dans lequel je vivais à Clermont-Ferrand, puis à Lyon. J'ai été caissière à Monoprix, comme ma sœur avant moi, puis serveuse dans des restaurants sur les bords de l'Allier, à Vichy où j'ai grandi. J'ai même été vendeuse dans des magasins de vêtements à Vichy puis à Paris lorsque j'y ai emménagé. Bref, tous les petits jobs que l'on peut trouver lorsque l'on est jeune, sans expérience, et que nos parents n'ont pas la possibilité de nous obtenir des jobs d'été un peu plus cool.

Quelque chose va prendre une place très importante dès mon adolescence, une chose qui me guide toute ma vie :

l'art. Plus précisément, l'écriture et l'art dramatique. J'ai écrit à quatorze ans un premier scénario, *When Rain May Come*, remarqué lors du Festival du film de Paris, et je faisais aussi beaucoup de théâtre. Enfant, j'ai passé beaucoup de temps près de la scène. Ma grand-mère, Yvette, qui était donc institutrice le jour, était aussi costumière de théâtre les soirs et le week-end et elle s'épanouissait dans deux vies. Je garde de ma grand-mère tant de choses, de la force et une forme d'inspiration, même si j'ai mis longtemps à discerner les contours de cette influence sur ma vie.

Mon adolescence est marquée par le tiraillement entre ces deux mondes, celui des études – pour devenir enseignante, suivant le modèle de toute ma famille –, et celui de l'art – pour devenir comédienne ou écrivaine. Mais lorsque l'on grandit dans une famille dans laquelle la sécurité de l'emploi est une valeur capitale, faire le choix d'une profession artistique est trop risqué, et je n'ai eu ni le courage ni la force d'aller contre l'avis de mes parents qui n'auraient de toute façon pas eu les moyens de me payer une école d'art ni de m'entretenir le temps que je « perce ». Mon père sera assez clair sur le sujet, l'artistique devra rester une passion, un deuxième métier, la deuxième partie de moi-même. D'où mon nom, Carole Juge, la fille de mes parents, et Carole Llewellyn, l'artiste.

Je renonce donc après le bac à tenter une carrière de comédienne ou d'écrivaine et je me dirige vers l'université après un court passage en classes préparatoires. Comme je parle anglais couramment au moment où j'obtiens mon bac, je m'oriente vers un parcours d'anglais à l'université Blaise-Pascal, puis à l'université Lyon 3. La fac française est gratuite, mes parents me donnent un peu d'argent pour vivre, je reçois des aides au logement pour payer ma chambre, au début en colocation avec ma sœur, puis avec d'autres étudiants à Lyon. Je suis barmaid le week-end dans des bars à Vichy et je me dépanne parfois dans des restaurants de la ville.

Ma grand-mère Yvette me propose d'ailleurs un compromis très intéressant l'année de mon bac : j'aimerais m'acheter un ordinateur portable – un vrai graal pour un auteur à l'époque – sur le site d'occasion PriceMinister. Elle propose de doubler tout ce que je gagne l'été à Monoprix. L'ordinateur que j'ai repéré coûte 6 000 francs d'occasion (Oui, en 2001, nous payons toujours en francs), soit presque l'équivalent d'un SMIC. Je gagne 3 000 francs en trois semaines et demie en tant qu'hôtesse de caisse et ma grand-mère m'offre donc la même somme. Je réussis donc à m'offrir mon tout premier ordinateur afin de pouvoir écrire mes romans et mes scenarii une fois à la fac.

Je ne trouve pas l'université française particulièrement stimulante et je me rends rarement en cours. Je préfère lire les ouvrages et les articles universitaires plutôt que de me rendre en cours magistraux pour gratter toute la journée à la dictée des enseignants. Je réussis mes partiels et m'autorise quelques fantaisies, comme le concours de Miss Auvergne. Je profite d'ailleurs de ce livre pour rétablir une croyance étrange entretenue : je n'ai pas été élue Miss Auvergne lors de ma participation. Je me suis inscrite au concours sur un coup de tête après le décès de mon grand-père pendant l'été.

Lorsque je me rends à l'élection à l'automne, je comprends après les entretiens avec le jury et une discussion avec la miss précédente que j'ai de bonnes chances de gagner. Je suis en 3e année d'université et ils recherchent surtout des jeunes filles qui font des études supérieures. Je suis la première surprise car je m'étais vraiment inscrite sans m'être projetée. Mais quand j'explique aux membres du comité que si je suis élue, je serais très embêtée car je ne pourrais pas faire la préparation à Miss France qui a lieu entre novembre et décembre car je dois absolument passer mes partiels, le comité se met en colère et m'explique que la gagnante doit absolument faire la préparation pour l'élection. Ils se disent que je ne suis pas venue pour gagner et je finis donc loin du podium, recalée. Mais je réussis mes partiels, ce qui me permet d'intégrer en 2004 l'Université de la Caroline du Nord, UNC, où je vais m'épanouir pleinement.

J'apprends tant de choses aux États-Unis que je pourrais en remplir un ouvrage entier. Je résumerais mes années là-bas par ces quelques mots : l'apprentissage du travail et de l'écriture universitaire, la volonté d'aller de l'avant, l'inspiration, l'enthousiasme presque délirant. Tout le monde semble volontaire et motivé. Personne ne semble jamais se plaindre – la réalité est évidemment plus complexe mais on s'y plaint très peu par rapport à la France. Les gens y sont animés d'une volonté farouche et témoignent d'une bienveillance qui semble parfois superficielle avec tous ces « hugs » et ces superlatifs mais qui rime toujours, toujours avec soutien et positivité.

À l'image de beaucoup de mes héroïnes, et comme Hannah Montana (clin d'œil à mes années aux États-Unis), je prends le meilleur des deux mondes : je conserve la partie théorique, intellectuelle de mon cerveau français, et développe le pragmatisme, la résilience, l'enthousiasme à l'américaine. C'est d'ailleurs aux États-Unis que j'assume mon ambition pour la première fois et que je décide de poursuivre mes études pour aller jusqu'en thèse. J'ai alors vingt et un ans et je m'attaque à un sujet qui me fascine en tant que femme : Comment les hommes deviennent des hommes ? Comment les héros deviennent des héros ?

Les héros américains – et pensons aussi à ceux de la mythologie grecque – ont presque toujours une faille, une souffrance qui leur confère justement ce statut si particulier et les rend si hors du commun.

Je ne suis certes pas une héroïne, mais j'ai moi aussi vécu, et j'y reviendrai plus tard dans ce livre, des épisodes extrêmement difficiles qui m'ont autant mise à terre qu'ils m'ont construite. J'ai mis une quinzaine d'années à comprendre que le meilleur moyen d'avancer, de transcender les douleurs, aussi profondes soient-elles, était d'aller de l'avant, à marche forcée, de faire de la souffrance une force pour aller toujours plus loin, et que le meilleur remède contre les ténèbres était de voir la lumière partout où elle était. Et ce fut d'abord aux États-Unis.

Entre 2004 et 2010, je vis entre la France et les États-Unis, dans différents états de l'Est américain, où j'apprends et je vis pleinement la complexité et la diversité de la société américaine. Je reçois plusieurs bourses de recherche de facultés américaines privées, ce qui me permet de financer une partie de mes études. Je découvre le sport grâce aux salles de gym gratuites des campus ouvertes jour et nuit. Je marche partout où je suis car je n'ai pas de voiture. Je me mets paradoxalement à développer des habitudes de vie très saines, certainement en réponse au trop-plein de nourriture qui s'affiche partout et qui me rend malade. J'ai très peu de besoins, je trouve des colocations sympas avec des étudiants en thèse et je passe beaucoup de temps seule à la bibliothèque.

En 2006, je me lance dans une thèse complexe, combinant philosophie, anthropologie, histoire et littérature, qui vise à comprendre comment le héros littéraire américain et, avec lui, toute la mythologie du héros américain se construisent au point de devenir une des mythologies les plus influentes au monde, malgré une relative jeunesse. Les États-Unis, ce pays si jeune, indépendant depuis 1776, même pas deux cent cinquante ans d'histoire, ont en effet réussi à imposer à travers le monde une mythologie, une idéologie dominante, principalement grâce à son système économique mais aussi via l'art et les médias.

Le héros sur lequel j'écris, le cowboy de l'Ouest américain, représente cette réussite, cette façon de vivre à l'américaine, lui qui a vaincu les Indiens, conquis des territoires et soumis la terre américaine, véritable nouveau jardin d'Éden, à sa seule volonté. L'histoire et le mythe sont infiniment plus complexes que ce résumé en quelques lignes d'une thèse de six cents pages, mais le résultat est identique : comprendre d'où on vient, qui l'on est, pourquoi on est ainsi... La science des humains est une des choses qui me fascinent le plus dans la vie. Là où j'étudie, d'abord en Caroline du Nord à UNC puis à Providence à Brown University et enfin à Atlanta à Emory University, les Américains sont intrigués de voir une femme si française s'intéresser à la genèse du héros masculin américain ; je trouve au contraire que ce contre-pied est fascinant. C'est Rich Wallach, le patron de la Cormac McCarthy

Society, qui me le fait remarquer. Je débarque en Californie ou dans le Dakota du Nord avec mes tenues d'inspiration parisienne, toujours maquillée, avec des talons, un petit cartable en cuir, et je viens parler, avec tout ce qu'ils associent à du raffinement, du héros masculin américain.

Les paradoxes humains, les émotions contradictoires m'ont toujours fascinée. Comprendre la complexité des choses et décrypter les messages obscurs m'animent au quotidien. La citation que j'ai choisi de mettre en signature de mon adresse e-mail personnelle résume parfaitement mon point de vue et ma fascination pour l'art : « *The greatest literature enables us to look into the very heart of darkness by making of the intolerable a thing of beauty*[4]. » Il naît parfois des ténèbres des choses sublimes.

Lorsque je lance JOONE, c'est d'ailleurs la question qui revient le plus : Pourquoi avoir lancé une marque pour bébé alors que je n'étais pas maman ? J'ai toujours trouvé cette question agaçante, même si elle vient très naturellement. Il est vrai qu'il est singulier de lancer une marque pour bébé quand on n'en a pas. Mais la raison est simple : je voulais comprendre le besoin des mamans d'aujourd'hui. J'ai toujours aimé déjouer les clichés, aller au-delà de ce que l'on pensait ou supposait vrai, sans pour autant avoir un fort esprit de contradiction. J'ai plutôt un fort besoin d'introspection.

Lorsque je rentre en 2010 en France pour soutenir ma thèse, mon directeur de thèse m'explique que je dois enseigner en France si je désire un jour avoir un poste un peu sérieux à l'université française et ne pas repartir aux États-Unis. Je passe donc le CAPES d'anglais et postule à des postes d'attaché temporaire d'enseignement et de recherche

(ATER) ou de PRCE/PRAG (professeur certifié/agrégé d'université).

Ce sont des années difficiles pour moi. Je suis entrée très tardivement dans la vie active par rapport à mes amies. Je ne gagne qu'un salaire de 1 750 € net par mois, soit 24 500 € brut annuel après presque dix ans d'études. La plupart des jeunes de mon entourage et qui vivent à Paris gagnent le double, voire le triple pour ceux qui se sont orientés dans une carrière dans la finance, tout en ayant fait des études plus courtes. Je vis dans un studio de 18 m² dans le 15ᵉ arrondissement de Paris. À presque trente ans, ma thèse soutenue, je ressens un sentiment de vide assez sidéral. Je suis ballottée de postes en postes avec peu de responsabilités à Clermont-Ferrand puis à Rennes avant d'obtenir une meilleure mission à l'Université Paris 12 où je deviens responsable du département d'anglais pour la fac d'économie et gestion. Mais un professeur d'université sans travail de recherche travaille peu : j'enseigne environ 18 h soit 3 jours par semaine et 24 semaines par an. J'ai le sentiment de travailler à mi-temps, la moitié de l'année. Je me sens en décalage total par rapport aux gens que je fréquente, à la fois dans mon mode de vie, mais aussi dans mon rythme et mes horaires. Mais voilà qu'au débotté, je me retrouve à jouer dans une pièce pour remplacer une comédienne malade. Je commence ainsi une deuxième partie de ma vie, celle de comédienne.

Pendant presque trois ans, entre 2011 et 2014, je vais avoir une véritable double vie de professeure et de comédienne, principalement au théâtre, aussi épanouissante que frustrante. J'enseigne en journée et cinq soirs par semaine, je joue à La Comédie République dans une comédie de boulevard.

Trois jours par semaine, je prends des cours d'art dramatique dans l'atelier qu'a lancé Niels Arestrup où je prends un plaisir infini à jouer.

Le métier de comédienne est difficile et forge l'ego : j'entends en casting que je suis trop grande, trop mince, trop grosse, trop brune, trop froide… Toujours trop « quelque chose ». Il est d'autant plus particulier que l'on passe plus de temps à passer des castings pour des pubs, des films institutionnels ou des courts-métrages non rémunérés que pour des films et des pièces professionnels.

Je parviens à décrocher quelques super projets avec EuropaCorp, la société de Luc Besson, qui apprécie d'avoir en France une comédienne qui peut tenir de petits rôles dans un anglais-américain impeccable. Je garde d'ailleurs un souvenir formidable de ces projets et en particulier du tournage sur le plateau de *Taken 3* sur lequel je suis particulièrement chouchoutée, seule femme au milieu des comédiens, cascadeurs et doublures.

Je le précise car au cours de ces années-là, il y a près de quinze ans, je n'ai pas toujours été bien traitée. J'ai moi aussi croisé, dans le cinéma, le théâtre ou l'édition, la route de dragueurs très, trop insistants qui vous promettent monts et merveilles si vous acceptez d'aller « plus loin » avec eux et qui deviennent odieux et agressifs si vous refusez… Leur malveillance et leur perversité, leurs comportements toxiques, je les ai subis et je suis heureuse que la parole des femmes se soit libérée et que certains comportements ne soient enfin plus acceptables, même s'il reste encore beaucoup de chemin à parcourir. Je retiens de ces épisodes que l'évitement ou la fuite, des comportements qui seraient autrement considérés comme peu courageux, sont dans ce genre de situation malheureusement salvateurs.

Lorsque l'on me demande aujourd'hui si l'univers de la tech est lui aussi sexiste, je réponds volontiers que c'est, de mon expérience, un monde de « Bisounours » comparé à celui du cinéma ou de l'édition des années 2010, avant MeToo. En huit années passées dans cet écosystème, je n'ai pas reçu une seule remarque déplacée de la part d'un banquier, d'un investisseur, d'un journaliste, ni de quiconque ayant une forme de pouvoir. Tout au plus ai-je eu droit à quelques remarques que je pourrais qualifier de paternalistes ayant trait à mon âge, à mon parcours très atypique, ou d'autres réflexions sur le fait qu'en tant que femme, je créais évidemment des « start-up pour les mamans », un truc de « *de bonne femme* » en quelque sorte.

À l'hiver 2014, ma carrière de comédienne s'arrête net. Je subis une grave chute de cheval. Mon bras est cassé, l'os est coupé net en dessous de la tête de mon épaule et je subis trois opérations successives pour tenter de le réparer. J'évite de justesse la greffe d'os mais je suis immobilisée. Je reste le bras droit désespérément collé contre mon corps pendant six longs mois dans mon 18 m^2 avec pour seule compagnie celle de mon jeune chien, Byron. Je suis arrêtée tout un semestre à l'université, je ne peux plus jouer au théâtre et je dois quitter certains projets en développement. Je passe des heures à tourner en rond entre quatre murs, à regarder des rediffusions à la télévision, et rapidement je réalise que je dois occuper ce temps. Et là, c'est le flash.

Je décide de reprendre une idée que j'ai eu quelques mois auparavant sur une plage en vacances en lisant un livre intitulé *Babyville*, un ouvrage de littérature féminine anglaise, vulgairement appelé « *chick lit* », qui parlait de trois femmes et de leurs trois parcours de maternité tous très distinct.

Plusieurs années auparavant déjà, j'avais été confrontée à ce sujet avec ma sœur qui avait déménagé en Bretagne et s'est retrouvée enceinte peu de temps après son arrivée dans la région : elle n'avait pas eu le temps de se créer un réseau de copines et dans son métier de professeure des écoles, elle avait peu de collègues. Elle avait donc vécu la grossesse de sa première fille assez isolée, partageant ses questions sur des forums avec des femmes avec qui elle n'avait que peu de points communs, mis à part peut-être le terme de leur grossesse. Je l'avais invitée à se rapprocher de groupes de parole comme il en existe aux États-Unis mais j'avais oublié qu'en France, il était très inhabituel pour des gens qui ne se connaissaient pas de se rencontrer pour discuter de tout et de rien ou de sujets plus personnels.

À l'époque, j'étais sans doute l'une des premières Françaises à être sur Facebook, qui avait été lancé à UNC en 2004. Vivant aux États-Unis, j'avais donc pu avoir un compte bien avant le lancement en France en 2008. À ses prémices, Facebook était un intranet universitaire ultra-puissant permettant de trouver dans les autres facs les étudiants qui suivaient des cursus ou faisaient des sports similaires. Le moteur de recherche interne à Facebook (qui s'appelait « *the Facebook* » comme cela est évoqué dans le film *The Social Network*) permettait donc de chercher des pairs par centre d'intérêt. C'était une immense CVthèque ! ; inconcevable aujourd'hui d'ailleurs compte tenu des nombreuses lois sur la protection des données qui ont vu le jour depuis.

Ma sœur m'avait alors gentiment expliqué que rien de tout cela n'existait et n'était possible en France. J'avais trouvé cela tellement dommage… J'en avais parlé à plusieurs copines, ces fameuses copines qui, elles, avaient fait des études de commerce avec l'idée de créer un immense réseau de mamans leur permettant d'échanger selon des critères prédéfinis et choisis par et pour elles pour favoriser l'interaction et créer des liens. Malheureusement, la plupart d'entre elles préféraient intégrer des grands groupes plutôt que de se lancer dans une aventure entrepreneuriale. À aucun moment je ne me suis dit alors que je pourrais lancer ce réseau moi-même. Mon domaine de prédilection, c'était les lettres. Monter une entreprise, s'intéresser à des problématiques de profitabilité, était tellement loin de mon univers et de mon éducation où l'on ne parlait jamais de ces sujets !

Mais finalement, confinée bien avant l'heure du Covid, avec interdiction de prendre les transports car mon épaule ne se ressoude pas et ne doit subir aucun choc. Je décide de faire ce que je sais faire de mieux : lire et apprendre. Je m'équipe de tout ce qui existe sur l'entrepreneuriat pour me former seule à ce métier auquel je ne connais rien. Je profite de ma carte de bibliothèque pour sortir des rayons toute la « littérature » – d'un nouveau genre pour moi ! – que je trouve sur la création d'entreprise, le marketing, la stratégie et je les lis, tous. Je comprends qu'il faut rédiger un « business plan » – en gros, une feuille de route chiffrée et précise sur l'activité de la société – pour expliquer le projet, le marché, lister les concurrents et les besoins. Je m'y attèle donc. Je prépare un très joli dossier, rigoureux et méthodique, et j'obtiens un prêt à la BNP de 30 000 €. Puis, je lève la même somme auprès d'une des rares personnes de mon entourage à avoir de l'argent, un ex-petit ami dont je suis restée proche. Je suis touchée par son geste et constitue une petite part du capital de l'entreprise avec cette somme. Je réalise alors sans le savoir ma toute première levée de fonds !

Je lance donc MommyVille, abandonnant ma carrière de comédienne et refusant plusieurs projets pendant un an avant que le monde de l'art dramatique ne m'oublie et que les sollicitations cessent d'elles-mêmes. Je n'ai pas récupéré toute ma mobilité à l'époque et je peine à jouer avec une partie de mon corps encore handicapée. Je fais deux castings pour des films américains qui se tournent à Paris, mais je me sens engoncée dans un corps qui ne répond pas à toutes mes sollicitations et me fait très mal. Je retourne donc à l'université tout en lançant MommyVille en parallèle.

Je fais presque toutes les erreurs possibles avec cette première start-up, mais j'apprends autant que j'échoue : je priorise les dossiers de subvention au détriment du produit et des clients, je pinaille et passe des mois devant des choix qui devraient être faits en quelques jours, je recule devant les décisions difficiles comme celle de ne pas garder dans les effectifs une toute nouvelle salariée alors que la Banque Publique d'Investissement (BPI), qui m'aidait, m'a supprimé la subvention censée la payer. Je me retrouve donc à lancer un quelque chose de moyennement abouti avec un marketing de qualité qui suffit à peine à colmater les failles du produit final : un site internet de mise en relation des mamans entre elles.

C'est alors que l'École des ponts et chaussées me contacte pour m'offrir de participer à leur promotion de l'*Executive MBA*, un programme réservé aux professionnels en activité qui a lieu le weekend –, en échange de visibilité médiatique. C'est un vrai pari sur l'avenir. À l'époque, personne ne s'intéresse encore à mon travail d'entrepreneure sauf l'*Expatriates Magazine* qui me consacre sa une, sans grand mérite car je décide d'orienter notre communication pour MommyVille en partie autour des communautés expatriées. J'accepte avec plaisir, n'ayant absolument pas les moyens de m'offrir cette formation, pas plus qu'une autre d'ailleurs. J'y apprends énormément sur la partie traditionnelle du « business » : la logistique et l'approvisionnement, la stratégie, le marketing, la finance et j'en passe. Mon quotidien est un peu chargé. En plus du MBA, je poursuis mon parcours à la fac et je continue de faire grandir ma start-up. Mais, je prends énormément de plaisir et j'apprends beaucoup, ce qui me réjouit toujours.

J'intègre également la formation *Startup Leadership* (SLP), qui est une association gratuite qui contre une cotisation de 400 € forme pendant dix-huit mois des jeunes entrepreneurs sur des sujets d'innovation : marketing digital, levée de fonds, conflits entre associés, aspects juridiques. J'y apprends encore énormément et surtout je me forge un petit réseau de jeunes entrepreneurs talentueux dont certains, comme Paul Cassarino, Maxime Besson-Vivenzi, Héloïse Pierre, Camille Freisz ou Fabrice Gibelin, resteront des amis.

L'aventure MommyVille prend fin faute d'argent. J'essaie de faire une levée auprès de WCTI Partners, un fonds qui semble opérer depuis les États-Unis pour investir dans la tech européenne. Malheureusement, la structure semble être un écran de fumée pour une société blanchissant de l'argent[5] et la levée, bien que signée à Paris avec le représentant français de l'entreprise, ne sera jamais payée. Ce sera une grande leçon pour l'avenir – et nous en reparlerons dans le chapitre sur la levée de fonds : tant que l'argent n'est pas sur le compte, il n'est pas gagné !

Je me résous, la mort dans l'âme, à placer la société en liquidation judiciaire et entre alors dans une période de dix mois très sombres où je dois continuer d'assurer mes cours à l'université alors que je suis au plus bas psychologiquement. Je suis « interdit bancaire » pour cause de trop grand de déficit – j'ai payé les salaires de MommyVille avec mes économies, pensant que l'argent de la levée signée allait arriver –, et je suis contrainte de sous-louer mon studio sur AirBnB pour pouvoir en payer le loyer. Mon médecin décide de m'arrêter plusieurs mois car je suis émotionnellement et psychologiquement très abattue. Ma mère et ma grand-mère m'envoient quelques centaines d'euros pour que je puisse faire mes courses et payer mon passe Navigo, tout l'argent de ma paie arrivant sur le compte étant pris par la banque pour rembourser les découverts.

Nous sommes en 2016, j'ai trente-trois ans, je suis presque à la rue, et je me considère comme la personne la plus nulle au monde. J'ai l'impression d'avoir raté l'intégralité de ma vie, d'avoir fait tous les mauvais choix. J'ai pris des risques en tentant d'être entrepreneure, comédienne, scénariste, mais je liquide ma société, le monde du théâtre m'a depuis longtemps oubliée et je vis seule avec mon chien dans un minuscule studio. Je ne peux même pas me dire que c'est une « erreur de jeunesse »… J'ai trente-trois ans !

Une grande partie de mon entourage est très bienveillante, surtout ma meilleure amie de fac, Anne-Sophie, qui m'offre un billet de train pour aller vivre quelques semaines chez elle à Nantes et l'aider à préparer son mariage, mais certains ont eu des mots peu délicats. La phrase que j'ai le plus entendue ? « Mais tu es prof de fac, comédienne, quelle idée de vouloir te lancer dans une start-up ? C'était voué à l'échec. » Et à l'époque, je ne pouvais pas encore leur dire qu'ils avaient tort.

Je mets à profit ce temps « off » pour retrouver l'écriture et c'est à ce moment-là que j'écris *Une Ombre chacun*, un roman initiatique assez noir qui raconte l'histoire d'une trentenaire perdue entre les différentes injonctions que lui envoie la société et qui décide de fuir sa vie. Son mari mandate un ancien militaire américain pour partir à sa recherche. Je rédige le texte assez rapidement, n'ayant jamais arrêté d'écrire pendant toutes ces années, même si c'était surtout des scénarios ; format assez frustrant d'ailleurs puisqu'un scénario ne vient vraiment à la vie que s'il est transformé en film. Le roman offre une plus grande liberté d'accomplissement. Et après avoir tenté en vain de vendre un précédent roman pendant plusieurs années, celui-ci est finalement choisi par deux éditrices chez Belfond, pour une sortie en 2017. C'est une petite pointe d'espoir dans des années très sombres.

Je prends alors une décision à la fois folle et radicale : je demande ma mise en disponibilité auprès de l'Éducation nationale, c'est-à-dire que je demande à l'État l'autorisation de ne pas travailler pour l'année scolaire qui vient afin de chercher un travail dans le privé pour rembourser plus vite mes dettes. Je fais un CV qui mélange mon aventure entrepreneuriale et professorale et part en quête d'un job. Je postule sur différentes plateformes pour des métiers dans le marketing en start-up ou dans l'édition, pensant que mon amour des livres pourra m'aider. Il n'en est rien : je suis « surqualifiée » pour des postes de juniors et sans expérience pour les postes à responsabilité. Mais mon CV atterrit sur le bureau de TheFamily, cet incubateur parisien influent en 2016.

TheFamily voit mon expérience de MommyVille d'un bon œil. En effet, les « start-up de produits », plus précisément de grande consommation, appelées DNVB* (*Digitally Native Vertical Brands*) fleurissent aux États-Unis avec des valorisations impressionnantes : Dollar Shave Club, qui propose des rasoirs sur Internet, s'est vendu 1 milliard à Unilever.

TheFamily me suggère de monter une start-up dans la nourriture infantile, je refuse. J'ai une autre idée qui à mon sens aura plus d'impact : les soins pour bébé. Je vois bien que les jeunes parents se posent des tas de questions sur la manière dont s'occuper d'un tout petit. J'impose la couche, et surtout une vision et mes convictions ! Comme j'ai tout perdu à force de faire trop de concessions, je les préviens que je créerai cette start-up et pas une autre. Son nom n'est pas encore JOONE mais je sais déjà que ce sera une entreprise sans aucun compromis ! Comme TheFamily est connue pour ses positions engagées, on me laisse faire.

Ainsi naît JOONE, alors que je m'étais promis de ne plus jamais, jamais monter de sociétés, alors que mon compte en banque, mon ego, ma force vive sont tous au plus bas et que j'avais clairement renoncé à aller plus loin. Commence alors la folle aventure de la boîte de ma vie, et à ce jour, de ma plus grande fierté professionnelle.

L'ENTREPRENEURE ATYPIQUE

En me lançant dans l'aventure JOONE fin 2016, j'assume quelque chose qui jusque-là n'avait été qu'une parenthèse dans ma vie : je veux être entrepreneure !

J'avais été invitée fin 2013 au tout premier « Start-Up Day », organisé par la promotion du MBA d'HEC, qui voulait rivaliser avec les innovations de la SiliconValley. J'y avais rencontré un des fondateurs du fonds ISAI, Christophe Raynaud, qui m'avait complètement chamboulée. Je lui avais parlé de l'idée que j'avais eue, de ce site de mise en relation de mamans que je ne savais pas su construire et de ma déception face à ces amies issues d'école de commerce qui n'avaient pas eu envie de le faire avec moi. Il m'avait alors dit cette chose, restée gravée en moi : « Tu te cherches des excuses. Il n'y a aucune école au monde qui prépare au métier d'entrepreneur alors arrête d'avoir peur et lance-toi. » Ces mots, encore aujourd'hui, résonnent profondément en moi et me donnent du courage dans les jours difficiles. C'est d'ailleurs ce que je réponds souvent quand on me demande comment j'ai pu créer deux start-up en ayant fait des choses si différentes dans ma vie : il n'y a pas d'école de l'entrepreneuriat.

J'ignore si le fait de n'avoir qu'un seul métier, celui qui correspond à nos études, est quelque chose de très français ou de très lié à la génération. Sans doute un peu des deux. Le mythe de l'emploi unique, celui que l'on garde pour toujours, celui pour lequel on est formé, et rien d'autre, a la dent dure même si les choses évoluent : nos parents n'avaient souvent qu'un ou deux employeurs au cours de leur vie professionnelle. Notre génération aura la possibilité de changer d'employeur plusieurs fois au cours de sa carrière.

Mais changer d'emploi, radicalement, ou avoir plusieurs métiers comme plusieurs cordes à son arc, n'est pas toujours bien vu, et on subit dans toutes les industries et les corps de métiers des remarques désagréables au quotidien qui pourrissent la vie.

Lorsque j'étais comédienne et que je jouais au théâtre, certains estimaient que je n'étais pas une *vraie* comédienne car j'étais enseignante la journée, comme si le théâtre était pour moi uniquement un *hobby* et rien de plus, quelque chose qui, à la rigueur, complétait un salaire fixe et « confortable ». C'était un jugement un peu brutal qui montre à quel point le fait d'avoir deux VRAIS *jobs* qu'on aime n'est pas très intégré ni même bien vu. Quand j'ai intégré l'atelier d'art dramatique pour comédiens professionnels qu'avait lancé Niels Arestrup au Théâtre de l'œuvre, certaines personnes m'en avaient voulu. Elles estimaient que j'avais pris la place d'une « vraie » comédienne. Que voulait dire être une « vraie » comédienne ? L'audition avait été ouverte à tout le monde et j'avais été choisie ! En tout cas, pour moi, j'étais professeure ET comédienne sans que l'une de ces deux activités ne soit supérieure à l'autre.

Pourtant, je cachais à tout mon entourage professionnel que j'étais comédienne ou que j'écrivais tout en enseignant. J'avais à l'époque deux vies bien distinctes, avec deux profils Facebook différents, et mes fameux deux noms, Carole Juge d'un côté, et Carole Llewellyn, de l'autre. Les deux noms sont d'ailleurs sur mes papiers d'identité.

Si aujourd'hui encore, je pense qu'il est important de s'assumer et de s'affranchir du regard et du jugement des autres qui ne sont pas toujours animés des meilleures intentions, à l'époque, je n'avais pas du tout confiance en moi ni en ma capacité à assumer d'avoir deux vies, deux métiers si opposés. Je n'avais pas la force de supporter le jugement de mes collègues universitaires qui auraient pu émettre un jugement désagréable, surtout face au théâtre populaire des comédies de boulevard.

L'université est un milieu assez « politique ». Mon jeune âge faisait déjà un peu de remous, parler de mes rôles aurait encore plus fait jaser ! C'est aussi pour cette raison que j'ai rarement invité mes amis à voir mes pièces ou les quelques films dans lesquels j'ai joué. Je suis d'ailleurs allée seule à l'avant-première de *Taken 3* où je tenais un petit rôle.

Lorsque je faisais les campagnes de recrutement dans l'Enseignement supérieur après ma thèse, j'ai fait face à des réflexions parfois lunaires parce que j'avais fait une grande partie de ma recherche aux États-Unis. En effet, la recherche dans les sciences humaines et sociales était relativement mal financée en France (voire pas du tout) et de nombreux thésards étaient profs en collège ou lycée en parallèle pour financer leurs études.

Moi, j'avais choisi de faire financer ma thèse par des bourses d'universités américaines afin de rester intégralement concentrée sur ma recherche et de ne pas être encombrée au quotidien par une charge d'enseignement ou de correction de copies. J'ai notamment eu droit à des propos ridicules d'un membre de jury pour un poste dans le Sud de la France. Ce maître de conférences me reprochait d'avoir pu publier une grande majorité de mes articles de recherche dans des journaux universitaires américains et de l'avoir fait en anglais... En gros, pour lui, je n'avais pas assez galéré pour présenter mes travaux et obtenir ces publications dans des revues scientifiques bien plus prestigieuses que celles auxquelles j'aurais pu prétendre en France en tant que thésarde.

On m'a aussi clairement avoué en fin de séance qu'en ayant validé ma thèse jeune (je l'ai soutenue quelques jours après mes vingt-sept ans) et en n'ayant pas suffisamment assumé de postes en collège et lycée, je ne serais jamais classée devant les autres candidats plus âgés et qui avaient galéré huit à dix ans à enseigner dans le secondaire pour financer leur thèse. À ce titre, il ne fallait pas que j'espère un quelconque poste de maître de conférences avant une dizaine d'années. Cela a participé à me décourager de persévérer dans la voie unique de l'enseignement et c'est ce qui m'a poussée à continuer d'exercer différents métiers, notamment pour pouvoir mieux m'épanouir.

Lorsque j'ai commencé à monter ma première start-up, j'ai donc refusé de demander ma disponibilité à l'Éducation nationale, choisissant de garder mon métier d'enseignante, également pour conserver un revenu. Ce choix fut mieux perçu dans le milieu de l'entrepreneuriat qu'il ne l'avait été ailleurs. De nombreux néoentrepreneurs se finançaient pour se lancer grâce aux assedic qu'ils percevaient après avoir obtenu une rupture conventionnelle.

Mais comme je l'ai dit plus haut, j'ai eu mot lot de réflexions désagréables lors de la fermeture de ma première start-up en particulier. J'avais échoué car je ne m'y étais pas consacrée corps et âme et que j'avais continué à faire d'autres choses…

Lorsque j'ai fait ma première levée de fonds pour JOONE, Alven, mon investisseur, m'a fait passer une sorte d'entretien psychologique lors de la « *due diligence* »*, période durant laquelle le fonds étudie la société sous toutes ses coutures, notamment après avoir lu *Une ombre chacun*. Ils voulaient comprendre qui j'étais et pourquoi j'avais poursuivi un parcours si atypique. Il est d'ailleurs inscrit dans le pacte d'actionnaires que je ne peux dédier qu'un nombre limité de jours par an à la promotion d'un livre si je viens à en écrire un nouveau… Là aussi, ma capacité à mener de front de multiples activités avait fait un peu peur je crois. Mais cette fois, l'histoire était toute autre. Une page se tournait. D'abord, j'avais pu faire tout ce que j'aimais, en même temps, et sans regret, pendant toutes ces années de ma vie *d'avant*. Ensuite, l'aventure JOONE était tellement intense que je n'avais plus le temps ni l'envie d'autre chose.

Depuis 2017, je suis donc officiellement et exclusivement entrepreneure. J'ai travaillé sur un manuscrit de fiction, mais que je n'ai toujours pas publié, certainement car je reste inquiète du regard porté sur un ouvrage de fiction. Livrer un roman, une création pure, au regard parfois si acerbe de la critique, maintenant que je suis visible médiatiquement, c'est une étape à laquelle je ne suis pas préparée. Après m'avoir collé l'étiquette de « la Miss Auvergne qui lance une start-up », j'imagine facilement qu'on pourrait me décrire comme « l'entrepreneure qui écrit un roman », comme si, à nouveau, je ne pouvais pas être légitime dans ces deux domaines à la fois. Mettre les gens dans des cases, les faire appartenir uniquement à une catégorie clairement définie, ne pas les laisser en sortir, voilà ce que la société nous pousse à faire. C'est dommage car cela doit tuer dans l'œuf tout un tas d'initiatives intéressantes… Mais j'ai bon espoir que les mentalités continuent d'évoluer sur ce sujet.

À chacune de ces étapes, de ces changements, la confiance en soi – avec ses manques et ses failles – joue un rôle essentiel dans le fait d'oser ou pas se lancer, dans sa perception personnelle de pouvoir y aller ou pas. Manquer de confiance en soi, c'est manquer de la force de conviction nécessaire et c'est lutter, toujours, contre ce fameux syndrome de l'imposteur que je conserve encore parfois.

Je ne suis pas née avec un beau capital de confiance en moi. Ceux qui me connaissaient au collège et au lycée pourraient vous le dire et il existe aujourd'hui encore de nombreux domaines où je doute perpétuellement. Je dois lutter contre ce sentiment de ne pas être à ma place ou à la hauteur. C'est le travail de toute une vie d'avoir une confiance inébranlable en qui l'on est et qui l'on peut devenir.

Mon passage aux États-Unis m'a sans nul doute permis de gagner en confiance en moi et de prendre le goût de me dépasser en essayant de ne pas trop me juger. J'ai aussi tiré quelques bénéfices – académiques, mais aussi personnels – de mon travail de recherches sur l'esprit conquérant américain dont je vous ai parlé. Qu'il ait changé de « *job* » volontairement ou pas, l'Américain aura tendance à voir les choses sous le prisme de l'opportunité. C'est leur état d'esprit. Toujours aller de l'avant.

Une partie de ma thèse dissèque le pourquoi de cette « psyché » américaine conquérante, de cette volonté à toute épreuve qui fait que rien ne semble abattre jamais les Américains, de cette capacité inouïe qu'ils ont à rebondir et à se réinventer. Sans doute la raison pour laquelle ce pays est si à la pointe dans l'innovation.

Je ne pourrai jamais résumer ici des années de travail, mais je dirai simplement ceci : les États-Unis sont une nation jeune (1776). Ils se sont construits en partie par la conquête de territoires qu'ils estimaient vierges et dont le pionnier conquérant ou le cowboy de l'Ouest sont d'excellents représentants mythologiques (d'où leur prépondérance dans la culture et les médias). C'est aussi pour cela que les Américains aiment tant la figure de Christophe Colomb (qui possède son propre jour férié outre-Atlantique). Il a découvert le continent, et on oublie souvent d'ailleurs qu'il l'a fait prospérer en esclavagisant les populations locales. Ils portent donc aux nues le pionnier vaillant et téméraire venu d'une petite ville du Far West, tel Lucky Luke, et parti conquérir un territoire immense qu'il pense lui appartenir, faisant fi des Américains natifs qu'il décime sans hésitation.

Il faut bien sûr condamner la violence inhérente à cet esprit de conquête et n'en garder que la détermination et le courage ! L'une des forces des États-Unis réside dans leur capacité à faire face à l'adversité et aussi, sans doute, à voir le monde avec leurs yeux et selon leur intérêt, jusque dans la façon de raconter l'Histoire (qui avant tout LEUR histoire). À ce propos, un souvenir m'a marquée lors de ma première année d'étude à UNC, université publique très réputée et assez libérale. C'était dans un cours intitulé « Le monde depuis 1945 ». Lors de la première séance, le professeur fit un résumé des années précédant 1945 et parla notamment de la Seconde Guerre mondiale « qui avait débuté en 1941 ». Assise avec deux expatriées britanniques, nous avions bondi sur nos chaises pour nous insurger : la Seconde Guerre avait débuté en 1939, tout le monde savait ça.

Le professeur me répondit avec pragmatisme que la Seconde Guerre mondiale avait débuté pour eux avec l'attaque de Pearl Harbor en décembre 1941 et qu'à ce titre, les dates de la guerre étaient ici 1941-1945.

Cette petite anecdote éclaire grandement sur la capacité américaine à écrire dans le sens de son histoire. Tout comme la conquête, violente, meurtrière, du territoire des États-Unis reste dans l'Histoire comme celle de la réussite et du volontarisme américain et de son impressionnante capacité à se réinventer.

En France, la réinvention, la reconversion sont des concepts moins familiers… Sauf peut-être pour les femmes ?

La tendance à la reconversion professionnelle est en effet supérieure de six points chez les femmes par rapport aux hommes. Parmi les raisons qui les poussent à se reconvertir : le souhait de mieux concilier vie professionnelle et vie personnelle, vie de famille.

Il peut être naturel de vouloir aménager ses priorités différemment après avoir eu des enfants ou d'avoir de nouveaux souhaits.

Lors des JOONE Mama Clubs, ces réunions organisées partout à travers la France et l'Europe, puisque nous en lançons aussi en Belgique, en Suisse et au Luxembourg, la notion d'équilibre entre vie professionnelle et de vie familiale est évoquée. De nombreuses mamans me partagent leur souhait de se reconvertir. Parfois pour un métier qui est une extension logique du leur, de juriste à responsable RH par exemple. Parfois pour gagner en indépendance en passant « freelance » toujours dans leur secteur d'activité. Parfois enfin, le changement est plus radical. Certaines d'entre elles vont faire d'une passion leur nouveau métier (prof de yoga, coach...). La sécurité offerte par le salariat, une longue carrière, ou un CDI ne semblent plus être le graal.

J'avoue me reconnaître dans toutes ces femmes et dans leur souhait de reconversion.

Je suis souvent considérée comme l'entrepreneure la plus atypique de la FrenchTech, l'écosystème de la tech française, par bien des aspects. Je suis une femme certes, mais c'est presque le moindre de mes atypismes[6]. Je suis aussi une fondatrice d'entreprise qui la dirige seule (nous sommes près de 2 % des fondateurs et fondatrices à diriger seuls notre entreprise[7]), je viens d'un milieu enseignant, pas d'une famille de chef d'entreprise, je viens de province, a priori loin des centres de décision et d'innovation et non d'Île-de-France (d'où viennent de nombreux entrepreneurs), et je n'ai fait ni école de commerce ni école d'ingénieur (21 % des CEO de start-up sont diplômés d'une école d'ingénieur et 35 % d'une école de commerce, soit un total de presque 60 %)[8].

Lorsqu'on me parle de mon parcours professionnel, on utilise systématiquement le mot « *atypique* ». Atypique fonctionne bien car il évite le jugement contenu dans un « *anormal* », le côté exceptionnel d'un « *hors-norme* », ou encore la stigmatisation d'un « *différent* ». Pourtant il y a bien une chose que j'ai gardée de métier en métier, de France aux États-Unis, de Juge à Llewellyn : c'est la notion de création.

Je crois que, fondamentalement, ma passion est de créer, de partir d'une base et d'en faire quelque chose. Chacun de mes métiers était animé par cela.

En tant qu'enseignante-chercheuse, mon métier était d'étudier des ouvrages, des faits historiques, des théories philosophiques ou anthropologiques et d'en tirer mes propres conclusions… Somme toute de créer une nouvelle théorie à partir d'un ensemble de théories précédemment écrites, que la mienne viendrait compléter afin d'offrir une vision encore plus aboutie.

La transmission de la connaissance dans le métier d'enseignant passe aussi par une forme de création. Mon père, ancien professeur de mathématiques, m'a souvent répété qu'un bon professeur était un bon *showman* : il faut réussir à rendre l'apprentissage d'une connaissance désirable et attrayante, et c'est sans doute pour cette raison qu'en dépit de l'avènement de la technologie, des ordinateurs et de l'intelligence artificielle, les bons enseignants ne seront pas remplacés de sitôt. J'ai souvenir de certains cours que j'ai pu animer lorsque j'étais à l'université Paris 12 où nous avions reproduit un jeu de rôle en anglais pour mettre en exergue la notion d'offre et de demande qui avait eu de fantastiques résultats. Idem avec les 3e année de licence qui avaient reproduit un faux procès dans le cadre de leur cours d'anglais juridique. La création marque. Elle permet d'ancrer l'enseignement et les notions qui lui sont liées dans quelque chose de plus émotionnel et qui dure donc plus longtemps.

En tant que comédienne ou qu'écrivaine, les ressorts créatifs sont plus évidents : écrire un scénario ou un roman ressort de la création pure, avec un pouvoir infini sur les personnages, les situations. L'art dramatique est un peu plus limitant (le texte est déjà écrit, la mise en scène peut l'être également), mais une grande part de création demeure pour l'artiste.

Créer une start-up, c'est à la fois une *création* parce qu'il faut tout faire soi-même et qu'il faut créer un « produit » qui répond à un besoin. Créer ce produit revient à créer une histoire, avec des *persona*, ces fameux « clients hypothétiques », des fonctionnalités et des usages. Je pense qu'une start-up, comme toute entreprise d'ailleurs, ne connaît pas le succès grâce à une idée (tout le monde peut avoir des idées), mais grâce à l'exécution de cette idée et à la bonne mise en œuvre de la création. En entreprise, la création, c'est la possibilité de donner naissance à un objet, physique ou digital, dont les gens pourront se servir. C'est une forme de storytelling du réel, vivant, où chaque design, couleur, usage devra être pensé pour plaire mais aussi, et surtout, améliorer ou faciliter la vie.

C'est la forme la plus complète de création. Il faut TOUT savoir faire ! Et ces créations peuvent avoir un impact incroyable sur les gens. Steve Jobs n'avait-il pas anticipé à quel point sa création allait révolutionner nos vies en ouvrant l'ère des smartphones ?

C'est cet esprit de création, ce besoin constant de créativité, qui m'anime chez JOONE et qui fait que nous lançons tant de projets différents : notre couche, classée première par *60 Millions de consommateurs* en 2018, notre outil de traçabilité DOORZ en 2020, une vraie révolution pour les consommateurs en termes de compréhension et d'informations sur leurs produits, notre gamme MAMA pour les futures mamans et pour le post-partum en 2021, et notre couche ORIGINE en 2022, la couche à ce jour la plus écoresponsable, composée jusqu'à 74 % d'ingrédients d'origine naturelle, le taux de « naturalité » le plus élevé du marché aujourd'hui.

Créer un produit, une gamme, c'est reprendre son petit sac à dos pour partir explorer les possibilités, s'intéresser aux gens, à ce qu'ils veulent, parfois même sans le savoir.

C'est d'ailleurs un conseil que je donne fréquemment, notamment quand on me demande si ce n'était pas trop bizarre de créer une marque de produits pour bébé en n'ayant pas d'enfant. Il faut aimer son idée, sa création, mais ne pas en être amoureux. Il faut toujours garder à l'esprit que l'on fait ça pour l'autre et pas pour soi, que cela doit plaire à l'autre plus qu'à soi-même. Être fou de son idée, c'est prendre le risque de refuser de voir les évidences contraires qui servent à faire grandir et pivoter les projets.

Fréquemment, je vois des projets ne pas aboutir par obstination. Une idée peut simplement ne pas être la bonne ou ne pas être « au bon endroit ». Avec un peu de mise en perspective, en opérant un petit pivot, elle pourrait devenir une belle histoire à succès.

Je pense que ce qui fait la force d'un entrepreneur, c'est justement sa capacité à être perpétuellement dans une forme intense de création et d'itération, à toujours se remettre en question, comme on le fait lorsque l'on décide de passer du confort du salariat à l'inconfort de l'entrepreneuriat. Être différent est une force inouïe quand on veut entreprendre et même si, historiquement, l'écosystème est fait de gens qui se ressemblent – majoritairement des hommes blancs issus des milieux favorisés, les choses changent et les lignes bougent. Et le meilleur moyen de changer est justement d'apprendre et de se former pour nourrir cet élan créatif.

ENTREPRENDRE, C'EST APPRENDRE AVANT TOUT

Quand je regarde les noms des vrais grands entrepreneurs, qui sont autant de personnes inspirantes, je constate toujours une chose : ils sont tous bourrés de talent. Steve Jobs, Elon Musk, Whitney Herd, Larry Page, Richard Branson, Xavier Niel, Mark Zuckerberg, Sheryl Sandberg, Jeff Bezos, Philip Knight, Thibaud Elzière, Jean-Baptiste Rudelle, Marc Simoncini... Tous sont incroyablement doués. Leurs idées ont révolutionné le monde et la façon dont nous pensons, vivons, consommons.

Celui qui pour moi a eu l'impact le plus fort est certainement Steve Jobs qui a su mêler l'innovation technologique au génie marketing, et ce à travers le temps. Il a révolutionné l'ordinateur puis le téléphone et pendant trente ans, a régné en maître dans l'univers de la tech. Whitney Herd, la fondatrice de Bumble, m'a aussi immensément inspirée. Son application de rencontre était une activité potentiellement complexe à développer (on parle quand même de relation homme-femme dans l'ère post MeToo) et elle est parvenue à la mener jusqu'à une introduction en Bourse très réussie. Elle est pour moi un modèle à suivre.

Le talent est donc pour beaucoup dans la réussite de ces différentes personnes. C'est la part d'aura et d'intangible, de l'ordre de ce que l'on ne peut expliquer. Mais il existe derrière tout talent inné un ingrédient systématique : le travail.

Je pense sincèrement que je ne suis pas très talentueuse. Je n'ai pas de talent particulier connu. Dans les relations humaines ou dans le *business*, je suis paradoxalement plutôt timide, assez bonne élève dans mon approche.

Je ne suis pas comme cet ami qui raconte souvent en conférence comment, dès le collège, il aimait vendre n'importe quoi à ses camarades et comment il a développé très jeune une appétence pour le monde de l'entreprise et le lien avec les « consommateurs ». J'avais des facilités au collège et un peu au lycée mais j'ai dû sérieusement me mettre à travailler à la fac pour pouvoir valider mes études et j'ai même passé certaines matières au rattrapage en première et deuxième année. J'avais quelques facilités mais rien d'exceptionnel.

Idem pour le sport : j'ai entamé de nombreuses activités périscolaires (violon, GRS, solfège, danse) pour lesquelles je n'avais pas un grand talent et je les ai d'ailleurs rapidement arrêtées. En équitation, j'ai un niveau moyen pour quelqu'un qui monte depuis ses huit ans.

Mais tout ce que je n'ai pas en talent, je le compense par le travail et ma persévérance dans l'effort. J'ai quand même réussi à faire quelques jolis concours d'équitation grâce à cela !

Je suis une énorme bosseuse. Dans une semaine classique, ma vie se résume à travailler, être avec mon fils et dormir. Nous parlerons de rythme dans un autre chapitre qui lui sera intégralement consacré. J'aime le travail, le goût de l'effort, l'apprentissage de nouvelles choses, remettre l'ouvrage sur le métier.

J'ai vécu chacune des étapes de ma vie selon ce prisme. Je devais à chaque fois me former afin de devenir, non pas la meilleure de toutes, mais la meilleure version de moi-même. Je n'ai pas un esprit très compétitif quand il s'agit des autres, mais j'ai un esprit extrêmement compétitif vis-à-vis de moi-même.

Je travaille pour compenser mon talent moyen et pour tenter chaque jour de dépasser ce que je pense être capable de faire. Avec la perspective que peut-être les Elon, les Steve, les Whitney ont fait la même chose, qu'ils n'étaient pas si doués à l'origine mais qu'ils ont travaillé si dur que l'on ne peut plus distinguer ce qui, de l'inné ou de l'acquis, a fait leur succès. Ce qui est sûr, c'est que la notion de travail évoque pour moi une forme d'universalité et me renvoie au mérite démocratique qui me touche.

Ça n'a pas toujours été le cas. Enfant, j'ai beaucoup utilisé mes capacités naturelles pour m'en sortir. Un peu partisane du moindre effort. Je n'aimais pas l'effort, mais je n'aimais pas non plus l'échec. Alors, je finissais par faire les choses, mais toujours à la dernière minute, comme si l'urgence avait un pouvoir sur ma capacité à me concentrer. Je n'avais pas du tout la même personnalité qu'aujourd'hui. Je ne prenais pas vraiment de plaisir dans la remise en question ou dans la résolution de problèmes. J'aimais bien que les choses ne soient pas trop compliquées. L'adolescence, avec ses méandres et ses traumatismes, s'est chargée de m'enseigner les vertus du travail, de l'effort, notamment pour pouvoir faire face à l'adversité. Ce fut un apprentissage très long, très douloureux, mais qui a fait de moi la personne que je suis aujourd'hui. Je trouve dans cette période de ma vie, les origines de ma capacité de résilience mon amour pour le travail, mon besoin même de travailler. Je trouve dans le travail une forme d'accomplissement et de plénitude. C'est égoïstement pour ça que je travaille tant et que j'ai même développé une forme d'obsession du travail. Me plonger dans le travail me permet d'aller mieux, d'être plus en contrôle et donc moins anxieuse.

Une des choses que je préfère faire lorsqu'un sujet m'intéresse est d'essayer d'en apprendre le plus possible. Je suis capable de me faire des marathons pour (presque) tout voir d'un réalisateur ou d'un acteur et, ainsi, être capable de me faire une opinion. C'est presque comme une forme de dévotion.

Quand j'avais treize ans, j'ai été nommée au Festival du film de Paris pour le prix du Meilleur Scénario junior. J'avais décidé que le scénario en question devait être traduit pour pouvoir être lu par un réalisateur américain que j'aimais énormément : Martin Scorsese. J'avais vu plusieurs de ses films et je trouvais que tout ce qu'il faisait était à la fois sombre et brillant.

J'ai donc regardé tous ses films (en tout cas, ceux auxquels je pouvais avoir accès avant Internet et Netflix) et j'ai décidé d'apprendre l'anglais. Afin de reproduire le schéma familial, j'avais choisi allemand comme première langue au collège et je n'étais pas capable d'aligner trois mots de la langue de Shakespeare. Mais j'avais décidé d'apprendre l'anglais à ma manière : en lisant Shakespeare, justement, en anglais ! J'ai demandé à mes parents de m'offrir *Roméo et*

Juliette, *Les Sonnets*, *Hamlet* en édition bilingue et j'ai appris l'anglais comme ça en 4e et en 3e au collège pour pouvoir traduire mon tout premier scénario en anglais et l'envoyer à Hollywood. J'ai réussi à tout traduire (non sans mal, mais avec une grande fierté) puis j'ai négocié avec une professeure d'anglais de l'époque qu'elle me corrige avant de tout taper sur l'ordinateur de mon père et de l'envoyer à Martin Scorsese.

Je n'ai toujours pas reçu de réponse de sa part mais j'étais déjà suffisamment obstinée et tenace pour faire des choses qui, encore aujourd'hui, me semblent assez dingues.

Avoir fait plusieurs métiers dans ma vie est une de mes forces aujourd'hui. Aucun domaine ne me fait peur et je n'ai jamais l'impression que je n'arriverais pas à faire quelque chose de nouveau. Au pire, je me dis qu'il me faudra plus ou moins de travail et de temps pour l'accomplir.

Le théâtre a d'ailleurs été extrêmement formateur. Je conseille à quiconque de pratiquer dans sa jeunesse un art démonstratif comme le théâtre, la musique ou le chant. Le fait d'apprendre à transmettre une émotion, à devoir prendre la parole, à se représenter en public est une excellente école qui m'a permis de travailler ma mémoire, d'être plus à l'aise dans mon corps et dans l'espace, de poser ma voix et de gagner en capacité à captiver une audience. Il existe au théâtre une immédiateté qui disparaît au cinéma où l'on peut tourner vingt fois la même scène. Lors du tournage de *Taken 3* dans lequel je tiens un minuscule rôle (celui de la gérante du drugstore où le héros interprété par Liam Neeson se bat avec le méchant Maxim), nous avons passé trois jours à tourner cette scène qui dure seulement trois minutes. Trois petites minutes dans le film ! Pourquoi ? car entre chaque prise, il fallait réinstaller le décor (des centaines de bouteilles explosent sous les tirs d'armes à feu) et changer les angles des caméras, ainsi que les lumières, et répéter à nouveau dans ces conditions avant de tourner. Nous avons répété trois jours durant les mêmes trois minutes avec de très longues pauses.

Le théâtre ne laisse pas cette chance : une fois que la pièce est lancée, rien ne l'arrête, ni un bafouillage, ni un oubli de texte, ni un mauvais positionnement. J'ai joué au théâtre avec une brûlure au deuxième degré car la comédienne qui jouait en alternance avec moi, connaissait mon rôle et pouvait me remplacer au pied levé n'était pas là, et que si je ne venais pas jouer, cela voulait dire annuler les deux cent trente spectateurs qui avaient acheté leur billet pour ce soir-là.

Niels Arestrup nous avait résumé en cours la différence entre le métier d'acteur de théâtre et de cinéma. Au théâtre, on répétait énormément pour jouer une seule fois, c'était comme mettre beaucoup de temps à préparer sa valise pour un voyage que l'on ne faisait qu'une fois ; alors qu'au cinéma on répétait très peu, on devait savoir faire une valise très vite, et changer de destination tout le temps.

J'ai appris mon métier de professeure sur le terrain. Je ne suis jamais passée par un IUFM, l'institut qui forme tous les professeurs de France. J'ai appris en faisant quelques TD, en enseignant dans des écoles privées à droite à gauche pour gagner ma vie lorsque je faisais ma thèse et que j'étais à Paris pour cinq ou six mois. J'ai aussi été vendeuse et « personal shoppeuse » au Bon Marché et en même temps prof à l'IDRAC, une école privée de 2e Tier pour BTS et bachelor, et j'avais peur que mes étudiants ne découvrent que j'étais en parallèle vendeuse dans un grand magasin.

J'ai appris mon métier de chercheuse aux États-Unis où l'on m'a clairement fait comprendre pour la première fois de ma vie que je n'étais pas au niveau et qu'il fallait que je fasse plus pour progresser, qu'il fallait d'ailleurs toujours chercher à faire mieux et à mieux chercher. J'ai dû apprendre à lire quatre livres par semaine pour faire de la recherche universitaire. J'ai dû assister à de très longs ateliers pour apprendre à bien utiliser le point, le point-virgule, apprendre à maîtriser la méthode *MLA* ou *Chicago* pour rédiger un article, batailler pour enrichir mon vocabulaire.

J'ai appris mon « métier » de « start-upeuse » – startupeuse et je l'apprends toujours – grâce à Startup Leadership, au MBA des Ponts et Chaussées, à tous les livres/articles que j'ai lus et grâce à mes proches (mentors, amis, ou parfois simples connaissances). Comme je suis un peu monomaniaque, vous l'aurez vu, je vais au fond des sujets qui m'intéressent. J'ai ainsi adoré la stratégie du « *pricing* », qui consiste à établir le bon prix pour un produit, en intégrant notamment des considérations psychologiques. J'ai aussi adoré apprendre tout ce qui touche à la notion de « supply chain »*, ou encore à l'analyse de risque. Si je n'avais pas créé JOONE, j'aurais peut-être fini par bosser dans une agence de gestion de risque, un peu à la Olivia Pope de la série *Scandal*. J'achète peu de journaux mais la *Harvard Business Review* est une mine d'or pour moi. J'y trouve des tonnes d'articles utiles que j'aime dévorer. Idem pour The Business of Fashion (BoF) qui propose de très nombreux articles et études de haut niveau dans les domaines des cosmétiques de la mode ou du *lifestyle*. Je consulte aussi les articles de l'agence Bloomberg. J'y puise toutes les informations essentielles sur le monde de l'économie et de l'entreprise.

Pour lancer une activité entrepreneuriale, qu'il s'agisse d'une start-up, d'une activité artisanale ou de *freelancing*, il y a un nombre incalculable de choses très différentes à connaître : l'administratif déjà, qui est un vrai repoussoir pour beaucoup de gens, mais qui malheureusement protège sur le long terme de bien des déboires ; les RH et le social, qui sont indispensables pour constituer une équipe ; le management, pour justement bien gérer son équipe ; les chiffres et l'aspect financier en général, car on est toujours responsable de la bonne santé financière de sa société, avec ou sans équipe une équipe dédiée à ce sujet ; le « biz dev », ou *business development*, pour faire grandir son entreprise qui ne peut pas vivre sans clients. Une chose bien difficile pour les gens d'une nature timide comme moi ; et enfin le produit et la stratégie, souvent les raisons pour lesquelles on veut se lancer, donc l'apprentissage le plus facile.

Croire que lancer son activité ne sera qu'une partie de plaisir est bien entendu une erreur et l'origine de bien des déceptions lorsqu'enfin on se lance !

La chose la plus importante à apprendre quand on devient entrepreneur, c'est surtout – pour paraphraser un grand philosophe – de se connaître soi-même, mais aussi, selon moi, d'être honnête avec soi-même. Toutes les motivations sont bonnes pour se lancer dans une entreprise à partir du moment où elles sont alignées avec qui on est. On a le droit de se lancer pour gagner énormément d'argent ou simplement pour sortir de la pauvreté ; on a le droit de se lancer pour se libérer d'un carcan ou simplement parce qu'on ne s'épanouit plus dans son job ; on a le droit de monter une boîte pour briller dans les dîners en ville ou simplement de vouloir rendre ses proches fiers ; on a le droit de se lancer pour devenir très connu ou simplement pour se sentir exister un peu plus ; on a le droit de vouloir changer le monde ou simplement pour changer son monde à soi.

Certaines motivations peuvent paraître pour certains peu louables. Comme nous sommes en France, on peut dire qu'ici « faire beaucoup d'argent » est une ambition généralement mal perçue et peu louable, alors qu'en Asie ou aux États-Unis, c'est très valorisé. Vouloir être très connu peut aussi être terriblement critiqué, alors que plus vous serez connu, plus votre projet le sera aussi. Et si votre projet sert une cause importante, c'est plutôt une excellente chose !

Le jugement des autres sur vos motivations n'a pas d'importance. On est toujours l'idiot ou le nul de quelqu'un d'autre. Jamais 100 % des gens ne valideront ce que vous ne faites ni les raisons pour lesquelles vous le faites. Quelles que soient vos motivations pour créer votre entreprise, ce qui importe, c'est qu'elles soient cohérentes avec vos valeurs que vous assumiez ces dernières pleinement. Et plus vous serez honnête avec ce que vous attendez réellement, plus vous saurez comment faire pour l'obtenir.

J'en arrive donc au chapitre que j'ai le plus plaisir à partager avec vous je pense : quelles sont les motivations qui m'ont poussée à lancer JOONE ?

CRÉER DE LA VALEUR PAR LES VALEURS

J'ai longtemps cherché la bonne réponse à cette question que tout le monde me pose : pourquoi avoir lancé JOONE, surtout, comme je l'ai dit déjà plusieurs fois, que je n'avais pas d'enfants à l'époque ? Il existe une infinité de raisons pour lesquelles j'ai décidé de lancer JOONE. Le besoin de faire autre chose. L'envie de mieux gagner ma vie en sortant de la fonction publique. Mon obsession maladive pour la création et le travail. Ma déception du milieu universitaire. Mon accident de cheval et mon handicap temporaire à l'épaule. Le besoin d'être très occupée pour ne pas m'ennuyer. Mon besoin d'être alignée entre ce que je dis et ce que je fais. Mais je crois que la raison la plus importante, c'est mon besoin d'avoir un impact, d'être utile.

Les raisons pour lesquelles on monte une entreprise sont souvent assez « égoïstes », dans le sens où elles répondent à des injonctions personnelles, à des désirs individuels. On se lance parce que cela signifie quelque chose d'abord pour soi-même. On accepte les sacrifices qui vont avec ce choix car on y trouve une contrepartie. Mais souvent aussi, les raisons personnelles rencontrent les besoins des autres. J'ai besoin personnellement que ce que je fais tous les jours soit utile aux autres. À ce titre, mon besoin rend aussi « service » aux autres. J'apporte une contribution à ce monde tout en satisfaisant mon propre désir. Je ne cherche pas une grande reconnaissance pour autant. Ce qui m'anime, c'est que les gens puissent être plus heureux et que leur quotidien soit facilité grâce à mon travail.

Au fond, c'est aussi ce qui m'animait à travers l'écriture et le jeu théâtral. Je le faisais pour mon propre plaisir, mais aussi pour en procurer aux autres. Et je dirais même que plus j'en tirais de la satisfaction, plus j'arrivais à transmettre un peu de bonheur aux autres.

Même objectif avec MommyVille. Je voulais me rendre utile et faciliter la vie d'une communauté – celle des parents – à laquelle je n'appartenais pas mais qui me « parlait » à travers l'exemple de ma sœur, qui ne devait pas être un exemple isolé !

Et je n'avais pas tort : le succès de WeMoms en France ou de Peanut au Royaume-Uni démontre bien qu'il existait un réel besoin pour ce genre de réseau. Je n'ai pas su faire les bons choix pour que la plateforme perdure à l'époque. Avec le recul, je crois que je n'ai pas su arrêter à temps, avant la liquidation, alors que les choses allaient déjà très mal et que la société n'avait plus d'argent. Je n'ai pas pris les bonnes décisions. J'ai engagé mes propres économies pour payer les salaires, ce qui m'a causé bien des déboires…

Je croyais tellement en ce projet que je me suis obstinée. J'ai voulu « me rendre utile » à tout prix et ne pas décevoir les quatre personnes qui travaillaient avec moi à l'époque, mais la déception que j'ai créée en continuant a été bien plus forte au bout du compte. J'ai aussi failli à ma mission de chef d'entreprise. J'ai d'ailleurs vraiment pris conscience à ce moment-là de l'importance des responsabilités qui incombent aux patrons.

Cette liquidation m'aura malgré tout appris beaucoup de choses parmi lesquelles le fait qu'il existe une différence fondamentale entre *être utile* et *se rendre utile*. Parfois, il vaut mieux accepter son échec et absorber sa perte plutôt que de *persévérer* dans l'erreur.

Quand j'ai créé JOONE, j'étais toujours très marquée par cet épisode malheureux, et c'est sans doute à cause ou plutôt grâce à cela que je n'ai voulu faire aucun compromis. Je n'avais jamais travaillé avec ou pour des enfants, le monde de l'entreprise m'était étranger – et celui des couches n'en parlons pas ! – à la différence d'une immense majorité des entrepreneurs qui ont auparavant travaillé en entreprise. Sur le marché des couches, la plupart des entrepreneurs ont déjà bossé dans la grande distribution, connaissent le fonctionnement des consommateurs et les règles du marché. L'industrie de la petite enfance est en plus une industrie très dure, bien loin de l'image de douceur qu'elle véhicule et auprès de ceux à qui elle s'adresse.

La *Lifetime Consumer Value* (LTV) ou *Customer Lifetime Value* (CLV*) – en gros, la capacité à générer de l'argent grâce à ce que va dépenser un certain type de client – des activités liées à la petite enfance est très courte. Les bébés grandissent vite et lorsqu'ils deviennent des enfants, ils sont un peu comme des adultes miniatures. Ils mangent comme nous, dorment comme nous, ont un rythme peu ou prou similaire au nôtre. Alors, adieu les couches, les biberons, les berceaux, les pyjamas une pièce, les bodys…

C'est ce qui rend notre industrie particulièrement compétitive, à la fois dans les pratiques commerciales, mais aussi dans les stratégies de détermination des prix. En effet, à la différence d'une marque de vêtements ou de cosmétique qui peut espérer fidéliser des clients sur vingt, trente ans ou même plus (j'achète des fringues chez Promod depuis que j'ai quatorze ans, par exemple), on sort très vite du monde de bébé après y avoir été plongé intensément pendant quelque temps. Cela crée deux problèmes. Un problème « à l'entrée » : il faut savoir se faire connaître très vite et convaincre très rapidement une majorité de (futurs) parents ; et un autre « à la sortie » : la croissance de l'enfant nous fera forcément perdre toujours beaucoup de clients !

C'est selon moi l'une des raisons qui explique la lenteur de l'innovation dans l'industrie de la petite enfance. Pourquoi investir plus et aller plus vite pour créer des produits plus performants, plus pratiques, mais dont les gens se serviront finalement très peu de temps ? Le siège auto avec airbag intégré de Maxi Cosi aura mis vingt ans à sortir… Innovation qui semble relativement simple mais qui n'aura pas vu le jour plus tôt car la courbe pour la rentabiliser est très longue.

Si on se servait d'une poussette aussi souvent mais surtout aussi longtemps que d'un smartphone, je suis convaincue que la poussette qui se plie d'un clic et qui se range toute seule aurait déjà été inventée ! Au lieu de cela, tous les parents continuent à galérer systématiquement avec ces objets de l'enfer !

La lenteur de l'innovation est un vrai sujet dans l'univers de la petite enfance. Ce fut aussi l'un des moteurs à la création de JOONE. Plus une industrie est traditionnelle, plus elle est importante en termes de volumes, plus elle est longue et difficile à changer, et c'est bien normal : quand on a beaucoup à perdre, on hésite plus avant de tout changer…

Les grandes multinationales de cette industrie ont des actionnaires, doivent générer des dividendes, contrôler leur cours de Bourse si elles sont cotées. Elles emploient aussi beaucoup de monde et ont des structures de coûts très lourdes à amortir. C'est aussi ce qui rend l'innovation plus compliquée dans ces groupes. La chance, c'est donc qu'il existe des structures plus petites, plus agiles comme la mienne, qui auront le luxe de pouvoir innover et ainsi, démontrer, même aux plus grands, qu'un nouveau produit ou service est possible et qu'il peut marcher !

Et qu'on s'entende ici sur le terme « innovation ». Il ne s'agit pas forcément de quelque chose d'aussi radical qu'une invention. Une innovation peut être quelque chose de très simple. Ce qui fait son originalité, sa différence, c'est qu'elle apporte un plus au quotidien, même un petit plus, qui va améliorer les choses au point de modifier les comportements sur le long terme. Avec JOONE, nous n'avons pas réinventé la couche en tant que telle, mais nous lui avons apporté les (grands !) plus qui lui manquaient : la transparence et le digital.

La transparence

Quand nous nous sommes lancés, le marché était aussi opaque que le produit lui-même : les réglementations étaient quasi inexistantes (elles le sont toujours en réalité) et les obligations beaucoup plus légères que dans la cosmétique par exemple, très bien réglementée en France depuis le scandale du talc pour bébé en 1972[9]. Nous devons à cette grande dame qu'est Simone Veil non pas uniquement le droit à l'avortement mais aussi celui d'avoir des réglementations strictes pour les produits de soins. Cette loi indispensable permet de mieux protéger les bébés, mais aussi les adultes des produits potentiellement inadaptés ou même dangereux voire cancérigènes. Car c'est bien là que le bât blesse : nous vivons dans un monde de plus en plus pollué. Nous sommes exposés à des composants chimiques, partout, même et surtout dans notre lieu d'habitation. Il y a aussi, bien entendu, les pollutions environnementales (sol, air), notre nourriture qui peut être bourrée d'additifs en tout genre, l'usage des produits du quotidien (ménagers, cosmétiques, etc.), les ondes (micro-ondes, téléphones et Wifi). Pour beaucoup d'entre eux, on ignore encore les réels dangers.

On assiste depuis une trentaine d'années à une hausse du nombre de cancers, aussi bien chez l'adulte que chez l'enfant. Si les données varient grandement sur le sujet, le constat est malgré tout indéniable : il existe une augmentation très sérieuse de nombre de cancers chez l'enfant sur les vingt dernières années.

Le *Bulletin épidémiologique hebdomadaire* de France donne des chiffres qui vont du simple au double sur une décennie :

entre un peu plus de 4 000 cancers entre 1990 et 1999 sur les enfants entre zéro et quatorze ans[10] et une évolution à un peu moins de 9 000 cancers pour la même population entre 2000 et 2004[11]. Si l'on considère que la période est deux fois plus courte (cinq *vs* dix ans), on pourrait même croire que cela est 4 fois plus élevé. Aux États-Unis sur la période précédente, on est sur une augmentation de 37 % entre 1980 et 1990 sur les enfants de moins de dix ans[12] et si on remonte sur trente-huit années, entre 1976 et 2013, on serait sur une augmentation de 60 %[13]. En Italie, on trouve des chiffres assez similaires : environ 4 500 cancers chez les enfants de moins de quatorze ans entre 2003 et 2008, avec une croissance annuelle de 3,2 %, pour atteindre 7 000 entre 2016 et 2020[14].

Pourquoi cette hausse ? Il existe évidemment de nombreuses raisons à cela. L'une d'entre elles (et pas des moindres) est, au fond, assez logique. Notre capacité à diagnostiquer les cancers a grandi avec le temps. Mais les environnementaux restent prépondérants dans l'augmentation des cancers chez l'enfant. On estime entre 10 à 15 % la part génétique des cancers de l'enfant, le reste incombant dans la grande majorité des cas à des facteurs environnementaux.

J'ai toujours utilisé la même métaphore pour expliquer le pourquoi de la transparence et de la traçabilité : si les consommateurs connaissaient la « recette » des produits qu'ils utilisent, peut-être qu'ils ne les utiliseraient plus… Si nous savions tout ce qu'il y a à savoir sur ce que nous consommons, le lieu de fabrication, l'origine des matières premières, la composition exacte, les différents processus de fabrication, nous serions tous plus responsables, capables de prendre des décisions d'achat plus éclairées, et pas uniquement basées sur la force du marketing traditionnel.

De nombreuses marques pour bébé jouent la carte du « médical », surfant sur le ressort émotionnel de la peur : si j'achète ce produit qui a toutes les apparences d'un médicament ou d'un soin de santé, je vais mieux protéger mon bébé. Mais ces apparences sont souvent trompeuses ! Le meilleur moyen de protéger son enfant n'est pas de croire les slogans mais bien d'avoir une connaissance précise de ce qui est sur l'étiquette (donc dans le produit) et, ainsi, de choisir des produits dont l'impact sur la santé et/ou l'environnement est le plus faible possible.

Si on n'influe pas directement au quotidien sur le climat, on le fait indirectement en privilégiant tel ou tel comportement, ou tel ou tel produit. Prenez une réglette pour chaque grand domaine de la vie quotidienne, une pour la nourriture, une pour les produits de soin et d'hygiène de la famille, une pour le ménage, une pour les transports, une pour le chauffage et l'eau chaude, une pour l'usage d'appareils électroniques et électroménager… À chaque fois, en fonction de votre façon de vivre, de vos modes de consommation, de vos habitudes d'achat, vous aurez plus ou moins d'impact sur l'Homme et sur la planète et le curseur de la réglette montera plus ou moins haut : 0, vous n'avez aucun impact (impossible, on en a toujours un). 10, vous avez un impact maximal.

Exemples : pour la nourriture que l'on donne à un enfant, cela va du bio fait maison l'industriel, pour les couches qu'on met à son bébé, cela va de l'écoresponsable et traçables au bas de gamme fabriqué dans des contrées lointaines ; pour les produits de soin qu'on met sur sa peau, cela va du bio au non-bio avec des scores « rouges » sur Yuka ; pour les contenants que l'on utilise, cela va du verre au plastique d'avant

2012 (date de l'interdiction du BPA) ; pour le ménage, cela va du vinaigre simple aux produits les plus chimiques.

En cumulant les curseurs de toutes vos réglettes, vous obtiendrez un score d'impact global. Il ne sera jamais nul car on a toujours un impact et parce que nous ne sommes pas des êtres parfaits et qu'il ne s'agit pas de renoncer à tout (j'aime prendre un bain de temps en temps !), mais on peut tenter de compenser les impacts les plus négatifs en limitant les effets ailleurs. Et c'est ma mission chez JOONE : proposer des produits qui, sur la réglette, permettent de mettre le curseur le plus bas possible !

Notre engagement pour la transparence naît de ce besoin précis : lutter contre les effets négatifs des produits du quotidien, en particulier sur les bébés. L'angoisse que connaissent les parents au sujet des perturbateurs endocriniens par exemple est parfaitement légitime. Le monde d'aujourd'hui apparaît bien plus à risques en général alors si on peut décharger les mamans et les papas de quelques sources d'inquiétude, c'est déjà ça ! Il y a trente ans, les structures familiales étaient moins éclatées, notamment géographiquement. Elles se sont ouvertes grâce aux avancées techniques et technologiques, mais aussi sous l'effet des nouveaux parcours scolaires (études supérieures plus fréquentes, plus longues, plus loin de son lieu de naissance) et professionnels (le travail n'est pas toujours là où l'on a grandi) ou des nouveaux modes de vie (liaisons quotidiennes ville-campagne pour les actifs ou retraite très active pour les retraités), et à deux moments charnières de la vie : après dix-huit ans et après soixante ans[15]. En toute logique, cela signifie que les parents modernes sont moins entourés lors de l'arrivée d'un premier enfant que ne l'étaient leurs parents avant eux. Dans les années 1950 on vivait donc dans une communauté familiale géographiquement plus rapprochée et l'on voyait *de facto* plus de bébés naître et grandir proches de leurs grands-parents, ce qui rendait notamment l'apprentissage des gestes plus facile grâce à la transmission des savoirs…

Le monde moderne a largement balayé tout cela. Je me souviens très bien que lorsque ma nièce est née, j'avais vingt-cinq ans et n'avais pas vu beaucoup de nourrissons dans ma vie. Être parent aujourd'hui veut dire devoir apprendre à élever un enfant souvent loin des siens. On a peut-être l'aide d'une sage-femme mais uniquement dans les premiers temps. Alors à qui demander conseil, surtout en pleine nuit ? Que faire quand son bébé pleure et d'ailleurs, pourquoi pleure-t-il ? A-t-il assez mangé ? A-t-il trop froid ou trop chaud ? Comment allaite-t-on ? Quel biberon choisir ? Quand faire découvrir une nourriture autre que lait ? Faut-il donner un bain tous les jours ? Est-ce que 38° de fièvre c'est beaucoup ? Est-ce que je dois le laisser pleurer le soir ou la nuit ?

Autant de questions que se posaient les mamans sur la plateforme MommyVille et qui m'avaient permis, à l'époque déjà, de réaliser l'étendue des doutes et l'ampleur des incertitudes auxquelles on fait face à l'arrivée d'un enfant. Au bout du compte, la plupart des parents d'aujourd'hui reçoivent finalement peu d'aide et de connaissances pratiques.

Certes, il n'existe pas d'école de la parentalité où l'on irait apprendre toutes les théories et les techniques existantes – et qui sont parfois contradictoires d'ailleurs ! Mais pouvoir échanger certaines astuces, comme les mères le faisaient sans doute autrefois avec leurs filles, reste fondamental. C'est d'ailleurs un peu pour compenser cette baisse de solidarité familiale que nous avons organisé à plusieurs reprises chez JOONE, avant le Covid, la « Conférence des Parents » (aujourd'hui, nous avons le « JOONE MAMMA Club »). Les différentes éditions ont remporté un immense succès, témoignant du besoin réel des parents d'aujourd'hui de se former et d'échanger dans la réalité plutôt que sur internet notamment.

Le digital

Avec la transparence, la deuxième innovation de JOONE, c'est le digital. Mettre Internet au centre de notre offre est aussi ce qui a fait la différence quand nous nous sommes lancés. Alors oui, tout le monde avait un site internet. Certains acteurs vendaient un peu en ligne mais personne en France ne proposait exclusivement d'expérience digitale permettant un lien direct avec le consommateur, sans intermédiaire de distribution. Et cela change énormément de choses dans pour les produits de grande consommation comme les nôtres, que les gens ont l'habitude d'acheter dans des supermarchés ou des pharmacies. Le digital vient transformer complètement l'expérience-client des parents. Qu'on achète des couches dans un magasin ou sur internet, on finira toujours par les avoir près de la table à langer ! Mais la promesse de service n'est pas la même. C'était d'ailleurs ce que revendiquait Uber®. En taxi ou en VTC, vous serez toujours conduit du même point A au même point B par un chauffeur, mais vous n'aurez pas fait exactement le même trajet. Pourquoi ? Parce qu'avec Uber®, vous aurez pu réserver votre trajet sur une application dédiée et suivre votre véhicule, vous aurez eu une bouteille d'eau et quelques friandises à bord, le chauffeur vous aura ouvert la porte (du moins au début !), et même avec tous ces avantages, vous aurez payé moins cher votre course ! Idem avec JOONE, le *customer journey*, autrement dit le parcours d'achat, à l'image d'un trajet dans un véhicule, n'aura pas, plus, été le même.

Le digital permet de changer le rapport au service ou au produit en rendant l'expérience d'acquisition, d'accès ou d'usage plus facile car elle est entièrement pensée pour le client. JOONE permet en deux clics d'avoir des couches livrées à domicile, tous les mois, sans jamais avoir besoin d'y penser, en proposant des services impossibles à proposer en boutique comme la reprise des paquets en cas de changement de taille ou de réaliser de jolis imprimés. Le digital est donc aussi mis au service de l'allègement de la charge mentale : « Combien de temps vais-je attendre mon taxi ? » Ou encore : « Aurai-je le temps d'aller au supermarché pour acheter des couches en sortant du taf ? »

Le parent JOONE choisit par abonnement, sans engagement, un nombre de couches et une fréquence de livraison qui auront été calculés pour lui en fonction de l'âge de son bébé et de son mode de garde. Quelques jours avant qu'il n'arrive à court de couche, on lui envoie un petit message pour le prévenir qu'on va le livrer pour le mois suivant sans qu'il ait rien à faire.

Ce sont nos engagements quotidiens, les trois valeurs de JOONE : la transparence (et tout ce qui va avec : la traçabilité, la responsabilité environnementale), la praticité offerte par le digital, et le plaisir d'appartenir à une communauté à laquelle sont proposés tout un tas d'options et de produits connexes pour la communauté des parents : le « JOONE MAMA Club » qui se déplace à travers la France, des formations éducatives, la possibilité d'être parents-testeurs pour aider à développer les produits, les imprimés et les collaborations, le média en ligne, le « JOORNAL » où on retrouve des tonnes de conseils et d'informations à destination des jeunes parents.

Tout chez JOONE est centré autour du client et va dans son sens, et dans celui de réduire l'impact, de préserver la planète, de simplifier la vie quotidienne… Et ce n'est pas facile tous les jours. Nous avons eu plusieurs procès, beaucoup de mises en demeure, notamment lorsque nous avons voulu publier nos analyses toxicologiques en 2018. Notre volonté de publier nos résultats a inquiété beaucoup de monde, car ils anticipaient la réaction du public qui serait de demander les résultats de tous les acteurs sur le marché !

60 Millions de consommateurs s'en est chargé à leur place, en publiant, en 2018, les résultats d'une dizaine de marques de couches et en nous hissant en 2018 comme la plus « propre » du classement. Nous ignorions tout de cette étude et nous l'avons découverte la veille de la publication quand une maman, ayant reçu son exemplaire d'abonnée au magazine, nous en a informés. Nous n'avons pas été surpris par les résultats – même si nous étions évidemment très heureux – car nous avions fait tester nos produits et ceux de certains de nos concurrents et nous avions obtenu des résultats similaires à ceux de l'étude.

L'étude a permis de nous faire connaître, mais c'est surtout notre excellence opérationnelle qui nous a permis de grandir. C'est une des choses que j'ai apprises lorsque j'ai rencontré Anne Méaux, l'inspirante patronne d'Image 7, notre agence de communication. Un coup de communication, ça passe très vite, un cycle médiatique « lave » rapidement et on passe très vite à autre chose. Les gens oublient. Il faut donc être capable d'assurer au plus fort de la médiatisation, mais aussi sur la durée et donc d'avoir une vraie stratégie pour continuer à proposer de la valeur à ceux qui nous ont fait confiance au début de l'aventure, pour qu'ils aient envie de rester, et pour donner à d'autres l'envie de nous rejoindre. Je répète à l'envi qu'une start-up qui crée des produits de grande consommation, c'est comme une histoire d'amour : ça demande du temps et des preuves. Je ne me suis pas lancée pour faire un « coup ». Je veux changer radicalement, sur la durée, le paysage des soins pour toute la famille. Proposer des produits qui ont leur place dans toutes les salles de bains et les chambres du monde, qui facilitent le quotidien, procurent un sentiment de plaisir et rassurent.

Je fais ce métier pour apporter un peu plus de douceur dans la vie des gens. C'est ce qui m'anime au quotidien.

S'il ne fallait retenir qu'une seule chose : se lancer dans la création d'entreprise comporte bien des inconnues, et bien des problèmes, mais c'est aussi une source de satisfaction immense. La forme de « confort » qu'apporte le salariat disparaît totalement et cela peut rendre inquiet.

Pourtant, en six ans de JOONE, il n'y a eu qu'un seul jour où je n'ai pas eu envie d'aller travailler ! Je bosse même quand je suis malade, je bosse même quand je suis en week-end, je bosse même une partie des vacances, je bosse aussi le soir, je bosse dans le train… Et si je bosse autant, c'est parce que j'aime fondamentalement ma boîte et sa mission. Je suis animée par un feu sacré qui me porte chaque jour et qui fait que je n'ai pas le sentiment de sacrifier quoique ce soit.

Si vous devez vous lancer, assurez-vous que ce feu brûle en vous, que l'objet de votre entreprise vous passionne. Ce sera votre lumière dans la nuit et c'est ce qui rendra l'expérience entrepreneuriale, qu'elle se termine bien ou moins bien, positive quoi qu'il arrive.

LA STARTUP-NATION

Entre ma première et ma deuxième start-up, j'ai gardé très peu de contacts avec le monde de la fameuse « *Start-up Nation* ». J'avais honte, tellement honte, d'avoir dû liquider la société, et je pensais sincèrement que cet univers n'était pas fait pour moi. J'étais complètement submergée par des pensées très limitantes, très dévalorisantes sur moi-même et mes capacités, et j'avais tout sauf envie d'affronter mes pairs. C'était une erreur.

La vérité, c'est que la plupart des entrepreneurs ont expérimenté l'échec avant de connaître la réussite. La plupart d'entre eux ont d'ailleurs eu une attitude bien plus bienveillante que certains de mes « proches », pour qui l'entrepreneuriat était une lubie ou qui voyaient avec une certaine forme de satisfaction malsaine le fait que je me sois plantée. L'échec m'aura aussi permis de faire un peu le tri dans mes « ami·e·s » et de voir qui était là pour les bonnes raisons.

Le monde des start-up est un écosystème vraiment singulier où l'on trouve majoritairement des hommes blancs, issus de milieux privilégiés. Avec mon passé « de miss et de comédienne » (je cite), avec mes diplômes de littérature et mon approche en faveur d'un capitalisme bienveillant, autant dire que je détonne un peu dans le paysage. Reste que j'ai aussi compris avec l'échec de ma première boîte que toutes ces différences me rendaient unique et pouvaient devenir des vraies forces. Je ne pourrais pas dire à quel moment j'ai accepté de me relancer, à quel moment le *changement* intérieur s'est produit en moi, ni quand je me suis dit : « *OK, arrête de pleurer et assume ce que tu es, arrête de t'excuser d'être différente.* » Surtout que deux ans plus tôt, Christophe Raynaud m'avait déjà encouragée à sortir de ma zone de confort et que je m'étais bien ratée. Je pense que j'étais tombée tellement bas – start-up liquidée, risée de certains « amis », interdite bancaire, seule avec mon chien dans mon studio, alors que toutes mes copines se mariaient ou avaient des super jobs – que le seul moyen de me relever était de tout laisser au sol et de repartir à zéro pour renaître de cet échec. En faire une force inébranlable. C'est finalement dans ces moments les pires que j'ai trouvé les ressources pour sortir la tête de l'eau. Et s'il y a bien une chose qu'aime la Start-up Nation, ce sont les histoires de renaissance.

La Start-up Nation est fréquemment assimilée au président Macron, ce qui est à mon avis une raison purement calendaire. La « génération start-up » est en effet née avant son élection en 2017. Il y a eu le mouvement des pigeons en 2012, les assises de l'entrepreneuriat de 2013 sous François Hollande. Le monde n'a pas attendu l'avènement d'Emmanuel Macron pour s'intéresser aux start-up. Néanmoins, sa prise de fonction au ministère de l'Économie et de l'Innovation en 2014 puis son premier mandat de 2017, résolument tourné vers l'innovation, font de lui une figure incontournable et un puissant défenseur de l'innovation.

J'ai été élue en 2019 puis à nouveau en 2022 au conseil d'administration de France Digitale, la première association de France réunissant investisseurs et entrepreneurs. Dans cette mission, nous sommes résolument apolitiques : notre but est d'agir auprès des instances publiques, françaises et européennes, pour promouvoir l'écosystème de l'innovation et tous ses acteurs. Lors de l'élection présidentielle, nous sommes d'ailleurs allés voir chacun des partis politiques pour leur présenter le « Manifeste » de France Digitale qui reprenait toutes les bonnes idées à mettre en place, quel que soit le candidat élu !

Le réseau

La première étape est de se construire un réseau. J'ai gardé quelques contacts de notre incubateur le Village by CA, et lorsque je me suis lancée avec JOONE, j'ai rappelé les gens que je connaissais, j'ai discuté avec eux, et appris au passage qu'eux aussi avaient dû essuyer des plâtres. Enfin, j'entendais que tout ce que j'avais vécu, bien que très dur, était tout à fait normal ! Les incubateurs sont de vrais viviers pour constituer un réseau. Je conseille souvent d'en intégrer un au tout début afin de découvrir et d'intégrer une communauté.

Au lancement de JOONE, j'avais intégré TheFamily et même si je n'allais pas à tous les événements organisés, j'étais contente de pouvoir bénéficier de temps d'échanges avec d'autres fondateurs de start-up pour parler des sujets que nous avions en commun, même à des stades différents de développement de nos boîtes. À l'époque de MommyVille, j'avais le Start-Up Leadership, j'allais souvent à NUMA et j'avais fait plusieurs formations à la CCI Paris qui avaient été très utiles. J'avais aussi fréquenté plusieurs salons, notamment Le Salon des Entrepreneurs, où j'avais pu assister à de nombreuses conférences.

Il existe de nombreuses structures d'accompagnement pour les jeunes entrepreneurs. Les incubateurs bien sûr, mais aussi les chambres de commerce et d'industrie, les réseaux d'experts-comptables qui sont aussi très actifs, les pépinières d'entreprises, etc. Autant d'occasions de rencontrer d'autres entrepreneurs et d'apprendre de ses pairs. Écouter les autres est souvent plus productif que de vouloir tout faire soi-même : on apprend plus en écoutant qu'en parlant !

C'est notamment en écoutant mes pairs que j'ai appris ce qu'était une levée de fonds et comment en faire une. Car rapidement dans l'univers start-up, il faut aller se confronter à une réalité très concrète : pour monter une entreprise, il faut de l'argent. Pas facile pour moi chez qui on ne parle pas d'argent, qui n'a aucune des notions financières apprises en école de commerce, et qui n'a pas d'argent ! À cette époque, je n'ai même pas 500 € sur mon compte en banque et ne reçois plus rien de la fac que j'ai quittée. Fonctionnaire en disponibilité, je n'ai même plus droit aux assedic. Je suis à sec.

L'argent et les levées de fonds

Même si le sujet assez technique, je souhaite néanmoins aborder le topic des levées de fonds car la question du financement est celle qui revient le plus fréquemment.

Je pourrais écrire un livre entier la question. La bonne nouvelle, c'est que des gens bien plus brillants que moi l'ont déjà fait et que je n'en ai pas besoin. Je vous conseillerai l'ouvrage d'Adrien Chaltiel ou celui de Xavier Milin pour leur approche généraliste, mais aussi celui de Simon Azan pour l'aspect juridique. Pour les plus novices qui auront quand même envie de lire ce paragraphe (et qui n'auraient pas regardé « Qui veut être mon associé » sur M6), je dirai ceci : lever des fonds revient à vendre un ou des parts de sa société contre une partie de son capital, donc, de l'argent. Ce n'est pas une dette (on n'a rien à rembourser), cela ne signifie pas forcément que vous allez perdre le contrôle non plus (vous pouvez garder la majorité des parts), cela signifie uniquement que vous allez recevoir du financement en échange de la vente d'un certain nombre d'actions. Vous allez couper une part de votre gâteau pour la donner quelqu'un d'autre. Alors, oui, vous aurez un peu moins de gâteau, mais vous aurez un peu plus d'argent.

Une levée de fonds est avant tout un exercice de style : il faut réussir à convaincre des gens de vous donner cet argent, autrement dit d'investir à vos côtés dans votre société, qu'elle soit au stade embryonnaire ou très avancé. S'il existe évidemment des critères objectifs (modèle économique, avantage concurrentiel, etc.), il existe aussi tout un pan très intangible. La plupart des fonds ou des « *business angels* »* (investisseurs privés) investissent dans une bonne idée, mais aussi, et surtout, dans une équipe, notamment au début. C'est là que l'aspect « exercice de style » entre en jeu. Ce qui fait que certains arrivent à lever des centaines de millions d'euros et d'autres pas est lié à de multiples facteurs parmi lesquels la capacité des fondateurs à embarquer, à convaincre les investisseurs, aux promesses du « business plan » (« *promesses* » étant le mot-clé), à la « *hype* » autour de la levée, au *FOMO**, *Fear Missing Out*, qui peut parfois être très fort chez certains investisseurs qui ont peur de passer à côté du « deal » de l'année. Tant de facteurs plus irrationnels qui font qu'une levée n'est pas un exercice comme les autres. Ce n'est donc pas un exercice dont le résultat est prédictible. Ce préambule me paraissait important.

Il existe uniquement deux documents indispensables à toute levée de fonds : un « deck »* (c'est-à-dire un PowerPoint) qui présente en quinze à vingt pages les enjeux de la levée et un « BP » (« *business plan* ») sur cinq ans sous forme de fichier Excel. Ces deux documents sont la base pour pouvoir avancer. Sur mon blog, je propose un modèle gratuit de « BP » avec des cellules préremplies, ce qui permet de rentrer ses chiffres directement et de voir comme le « BP » « tourne », c'est-à-dire quels sont les chiffres qui vont sortir. Il n'est pas parfait, mais c'est un bon modèle pour voir un peu à quoi ça ressemble.

Rédiger un « Business Plan » sous Excel

Un bon « BP » présentera les basiques de la finance, les fameuses « *Contributive Margins* » appelées « CM », qui correspondent à quelque chose de différent pour chaque entreprise qui sont des coûts variables en fonction des ventes. Dans les logiciels ou les services, ils sont souvent plutôt faibles, ce qui rend leurs produits très rentables. Dans les DNVB, les « CM » sont proches de celles des entreprises un peu plus traditionnelles et généralement divisées de la sorte :

– CM1 : le prix de fabrication des produits ;

– CM2 : le coût d'envoi des produits ;

– CM3 : le coût de promotion des produits (FB Ads, Google ads, A, etc.)

Viennent ensuite les « » (« Opex *Operating Expenses* ») qui comprennent tout ce qui est fixe : les salaires, les bureaux, les applications utilisées, etc. Plus le chiffre d'affaires (CA) est conséquent, plus la part d'OPEX diminue et donc plus l'entreprise est rentable. À la fin, on retrouve l'EBITDA* (l'argent qu'il reste une fois qu'on a encaissé ses ventes et payé tout ce qui doit être payé), qui est souvent négatif en start-up, ce qui génère le besoin de lever des fonds. C'est un peu comme si vous aviez un salaire et que vous dépensiez tous les mois plus que votre salaire : vous creusez un trou financier que l'apport d'argent extérieur doit venir combler. C'est le besoin en « cash », aussi appelé « *minimum cash position* » sur les fichiers financiers. Notez que la finance se fait toujours en anglais et que votre « BP » devra suivre cette règle, non pas par snobisme ou refus de parler français, mais parce que tous les investisseurs adoptent ce jargon (ils ne sont pas toujours français !). La langue universelle des levées de fonds, comme dans beaucoup de domaines, c'est l'anglais. Et un conseil : vérifiez bien plusieurs fois toutes les cellules car une cellule cassée a vite fait de faire dérailler tout un « BP » !

Ceci est un résumé vraiment très, très grossier de la construction d'un « BP » Excel, mais comme ce n'est pas l'objet du livre, je préfère laisser les experts entrer dans les détails. Il faut juste se rappeler une chose : vous devez connaître ce « BP » par cœur. Vous devez idéalement l'avoir fait vous-même ou avoir participé à sa rédaction, et surtout comprendre que pour les investisseurs, les « BP » racontent une histoire : ils lisent à travers les lignes ce qui fera ou pas le succès potentiel d'une start-up. Il faut donc le rédiger avec soin. Historiquement, j'ai toujours fait mes « BP » moi-même.

Même aujourd'hui, je participe toujours à la rédaction des budgets, je connais l'intégralité des lignes, et je sais à quoi correspond chaque dépense. Même si je suis une femme de lettres, comprendre les chiffres est indispensable pour réussir ! Un bon fichier Excel raconte l'histoire de la boîte sous le prisme de la finance et il est fascinant de pouvoir lire à travers les chiffres. On peut y voir des enjeux stratégiques, des réussites ou des échecs potentiels.

Rédiger un « deck » de levée

Le « *deck* » de levée est quelque chose de beaucoup plus amusant à faire puisque l'on va enfin pouvoir s'exprimer avec autre chose que des chiffres. C'est clairement la partie la plus agréable pour moi, vous vous en doutez ! C'est l'occasion de mettre en avant l'identité de la start-up, ses valeurs, ses succès et d'ajouter les composantes un peu plus « *soft skills* »* : des visuels, du marketing, des persona*, de la stratégie. Je prends beaucoup de plaisir à faire des « decks », car j'aime structurer ma pensée sur papier (enfin un support que je comprends !).

Un bon « deck » comporte à mon sens les items suivants :

1. récapitulatif ;
2. les valeurs/le « *why* » de la start-up ;
3. le produit/le client ;
4. le marché/la concurrence ;
5. les données financières actuelles expliquées : le chiffre d'affaires, les différents coûts, les métriques principales ;
6. la structure actuelle : équipe, structure de capital ;
7. l'avenir : où on va, ce qu'on envisage de faire avec l'argent de la levée, avec un calendrier.

Ce document doit être mis en forme avec un peu de visuels (graphiques, images, etc.) et du texte pour pouvoir être lu sans avoir besoin d'être présenté. À titre personnel, je « *watermark* »* tous les documents que j'envoie, c'est-à-dire que je mets au milieu, en diagonale, sur toutes les pages une mention en gris clair qui n'empêche pas la lecture mais, qui mentionne : « Confidentiel. À l'attention de XXX du fonds XXX. Ne pas partager ». C'est peut-être idiot, mais les « decks » ont tendance à tourner très facilement (malgré les clauses de confidentialité) donc je m'assure toujours que chaque personne qui en reçoit un en a la responsabilité. Si j'en retrouve un quelque part, je sais qui l'aura fait fuiter. J'ai eu accès dans ma vie sans en faire la demande à un certain nombre de « decks » supposés confidentiels et j'ai donc toujours préféré protéger mes données. Je ne suis pas parano sur les chiffres et je prône la transparence au quotidien, mais la stratégie de l'entreprise comporte toujours des informations confidentielles, notamment vis-à-vis des concurrents et sur les prochaines évolutions de l'entreprise.

C'est d'ailleurs une mauvaise conception de beaucoup d'entrepreneurs au démarrage : parler de son idée n'est en rien un risque. Cela permet de vérifier que l'idée est bonne et de la tester : c'est même indispensable ! Ce qui fera la différence sur le long terme, ce n'est pas l'idée, je l'ai dit, mais l'exécution et les choix stratégiques. C'est pour ça qu'il ne faut donner accès à son « BP » ni à toute sa stratégie de développement à n'importe qui. Il faut les protéger.

Une fois ces deux documents finalisés, on peut aller démarcher les fonds pour « pitcher »*. C'est là où l'exercice de style prend tout son sens : « pitcher » est un art et je remercie mon passé de comédienne de m'avoir rendu cette tâche assez facile, voire agréable. J'aime bien l'idée d'avoir un public et de devoir interpeller les gens sur mon projet. « Pitcher », par définition, c'est faire court (ce qui a toujours été très difficile pour moi) et il faut rester naturel : on vient raconter une histoire avant tout, et elle doit sonner juste.

Je conseille toujours d'aller « pitcher » en premier auprès de fonds qu'on ne veut pas obtenir, ou dont on sait qu'ils vont dire non. Cela permet d'ajuster le discours, de préparer les réponses aux questions un peu dures et d'être mieux armé au moment d'aller voir les fonds qui nous intéressent. Le « mediatraining » (formation à la prise de parole) sert aussi à ça : demander à un proche ou à un collègue de vous poser les pires questions possibles et assurez-vous d'avoir préparé les bonnes réponses !

Bien choisir ses investisseurs (fonds ou « business angels ») est indispensable : tout le monde n'a pas la même théorie d'investissement. Certains sont très orientés « Saas » (« Software* as a service »), certains plutôt « Medtech »*, d'autres produits… Bref, il existe presque autant de fonds que de types de projet. C'est un peu comme dans le cinéma. Certains producteurs aiment les films d'action, d'autres les films d'auteur. Prendre un refus d'un fonds qui n'aurait de toute façon pas investi n'apporte rien, si ce n'est de faire douter sur son projet. Je conseille donc vivement de bien faire le tri en amont. En plus, cela vous crédibilise ainsi que votre projet car cela montre que vous connaissez bien votre environnement.

Pour bien « pitcher », je conseille d'y aller en étant soi, et cela commence par – c'est-à-dire venir habillé comme vous l'êtes tous les jours, et de parler simplement de votre projet, sans tomber dans les travers un peu idiots du storytelling : « Avez-vous déjà eu le problème de taxi qui n'arrive jamais ? » (si vous « pitchiez » pour Uber® par exemple). Et sans poursuivre avec une fausse histoire que vous avez inventée de toutes pièces pour justifier le besoin utilisateur. Rassurez-vous, s'il y a un besoin utilisateur, ce sont les chiffres qui le diront à votre place et comme tout le monde débute encore avec ces phrases franchement dépassées, je trouve qu'il vaut mieux arriver avec un « *why* » fort, c'est-à-dire une raison forte pour laquelle vous pensez que votre idée va tout « casser ». Car on lève bien des fonds pour une idée qui va tout « casser », non ?

Les phases d'une levée de fonds sont un peu toujours les mêmes : on « pitche », puis on se retrouve avec une liste plus courte d'investisseurs intéressés avec lesquels on avance. Lors de la deuxième étape, on ouvre ce qu'on appelle une « *data room* », c'est-à-dire que l'on entre en discussion plus approfondie et que l'on donne accès à de nombreux documents attestant que tout ce qu'on a dit en « pitch » est vrai. Cette phase peut durer longtemps, surtout s'il y a plusieurs fonds en parallèle. Attention à ne pas la laisser traîner pour autant, et surtout à ne pas donner 100 % de toutes les informations : il ne s'agit pas d'un audit mais juste de vérifier que les choses tiennent la route. Et c'est uniquement à la fin de l'étude de la « *data room* » que les fonds vont décider ou non de faire une proposition d'investissement, la « LOI » (« *Letter of Intention* »), aussi appelée « TS » (« *Term Sheet* »*) qui précise les conditions de l'investissement (quel montant pour quelle part de capital) et aussi les termes et conditions (quels droits, quel veto, etc.). Ce sont les documents les plus importants que vous allez lire et ce sur quoi il faut négocier.

Je mets fin au suspense : pratiquement aucune « *Term Sheet* » ne vous offrira exactement les conditions que vous avez demandées, que ce soit sur le montant ou la part de capital. C'est la base de la négociation, et surtout c'est la règle : il n'existe pas de méthode universelle et fiable pour évaluer le prix d'une start-up, sa valorisation ou « *valo* », à la différence du prix d'une société plus traditionnelle qui se valorise entre 1 à 3 fois son chiffre d'affaires et/ou 10 à 18 fois son EBITDA. La « valo » d'une start-up, c'est surtout ce que les investisseurs sont prêts à payer. C'est très lié à l'état du marché : il y a eu par exemple post-Covid, un très grand emballement des valorisations des start-up, dont certaines totalement hors-sol, décorrélées de toute réalité. Cette période d'euphorie a pris fin en 2022 et les choses se sont calmées. Certaines start-up ont dû effectuer ce qu'on appelle un « *downturn* », c'est-à-dire un tour de table à une valorisation inférieure. Le meilleur exemple est celui de Klarna, cette très belle licorne suédoise, leader du paiement en plusieurs fois sur Internet, qui a fait une première levée de fonds sur une « valo » à 44 milliards en 2021, puis un an plus tard, en 2022, sur une valorisation à 7 milliards. Cela représente une énorme perte d'argent pour tout le monde, mais ces cas restent rares. Je conseillerais toujours d'avoir des valorisations justes, correctes, et de ne pas pousser au crime. Une très grosse valorisation pour sa start-up peut être grisant et apparaît vendeur, mais c'est une erreur : il faut en effet pouvoir « *matcher* » sa valorisation, autrement dit, faire grandir la start-up à la vitesse qui va lui permettre d'atteindre cette valorisation pour une revente partielle ou complète. C'est un exercice très difficile et qui nécessite d'avoir été raisonnable lors de la levée de fonds. C'est pour cela qu'il faut négocier la valorisation, certes, mais pas n'importe comment. Négocier les termes en amont pour signer la « *Term Sheet* » ne signifie pas uniquement négocier la valorisation.

La dernière phase est celle de « *due diligence* », aussi appelée « *due dil* », qui est une phase d'audit en quelque sorte : vous ouvrez tous les documents demandés par les investisseurs. Audit marketing, audit tech, audit financier, audit juridique : tout est concerné. Très souvent, cela se fait avec un seul fonds et sous clause d'exclusivité. C'est un passage à la loupe de tout ce qui se passe dans la société. C'est souvent assez rapide (moins de deux mois) et cela donne le temps en parallèle de négocier les documents qui vont structurer le « deal » : le pacte d'actionnaires aussi appelé « *SHA* » (« *Shareholder's Agreement* »). Ce document est le document le plus important que vous allez signer dans l'histoire de votre entreprise, avec celui des statuts. On peut littéralement tout vous prendre ou tout vous donner dans les différentes clauses du « *SHA* ». Il y a des clauses parfois totalement abusives, notamment les cas de « *leaver* » : à quel moment et sous quelles conditions vous avez le droit de ne plus travailler dans la société ; ou encore les cas de « *drag* » et de « *tag* », ce qui se passe si l'investisseur veut sortir ou vendre ses parts, ou de « *double dip* », si les investisseurs ont une garantie de repartir avec plus que leur mise de départ. Il faut absolument prendre un avocat spécialisé en levée de fonds pour négocier et signer ces documents, sinon vous prenez le risque de signer n'importe quoi. Il est important de ne pas céder à la pression et de savoir refuser les clauses un peu fantasques, surtout à la fin de la négociation. C'est une tactique bien connue, et fréquemment appliquée : sur la fin, quand le « deal » est sur le point de se faire, on décide de baisser la valorisation, ou le montant, ou de mettre des droits qui sortent de nulle part. Il faut savoir faire le tri et rester solide.

Je vous donnerai le conseil que j'ai reçu d'un de mes amis, Thomas Rebaud, le cofondateur de Meero, qui m'a retrouvée en larmes après des semaines de négociations, les nerfs à vif, le moral dans les chaussettes. Je m'apprêtais à tout abandonner et à tout accepter, tout simplement parce que j'en avais marre. Je n'étais plus aussi solide qu'au lancement de processus de levée, six mois plus tôt. Alors que je pleurais au téléphone, il m'a dit cette simple phrase que j'ai gardée : *« Dans la vie quand tu veux tout gagner, il faut être prêt à tout perdre. Dis "Non" et tu verras, ça passera. Et si jamais ça ne passe pas, c'est que ce n'était pas le bon deal quoi qu'il arrive. »* Et il avait raison ! Accepter un « deal » qui ne vous convient pas, c'est la pire décision à prendre. Un investisseur, c'est comme un colocataire, vous allez devoir vivre avec lui pendant trois, cinq, sept ans. Vous devez bien vous entendre et vous devez avoir la même vision des choses. En sachant aussi qu'un investisseur devra aussi sortir et avoir un retour sur son investissement un jour, et cela met une certaine forme de pression sur le long terme. Vous ne pouvez pas lever des fonds sans réaliser tout ça. Il y aura toujours un juge de paix, soit une autre levée, soit une vente, soit un rachat, soit un LBO* (*Leverage Buy Out*), mais il y a toujours une fin à toutes les histoires.

Je parle beaucoup du processus, mais finalement peu de mes fonds. J'ai avec eux une excellente relation, et ce, depuis le premier jour. Nous échangeons presque toutes les semaines, nous leur communiquons tous les mois les données relatives à la société, financières et marketing, et nous avons un « board »* tous les trois mois. J'aime énormément ce que nous avons construit ensemble, la transparence dans laquelle nous travaillons et la façon dont nous avons construit ce « board ». La transparence qui règne entre nous est à la lumière de celle de notre société et il ne pouvait en être autrement. Je suis très fière de ça et je suis très fière de pouvoir compter sur eux au quotidien. Je garde le contrôle de ma société dont je suis encore majoritaire et je répète souvent que je ne travaille pas pour mon « board », mais bien avec lui, pour créer un avenir serein pour JOONE.

Ne pas lever de fonds

Ne pas lever de fonds est une option très envisageable si vous avez envie de conserver une totale indépendance. Encore une fois, lever des fonds n'est pas une fin en soi, c'est un besoin de financement qui se fait « *en equity* », c'est-à-dire contre des parts de la société. Vous pouvez aussi « *bootstrapper* », vous lancer avec votre propre argent et l'argent généré par la société, ou bien en faisant jouer les banques pour obtenir de la dette (c'est-à-dire un prêt à rembourser).

« *Bootstrapper* » est une belle solution mais je trouve ça toujours dangereux d'investir 100 % des économies d'une vie dans son entreprise. Il est indispensable d'investir son propre argent, ses économies, mais toujours garder un filet de sécurité au cas où cela ne se passe pas comme on souhaite. Il faut aussi rester réaliste : 90 % des start-up échouent[16], dont 25 % la première année[17]. J'ai appris de la manière la plus dure la réalité de ça : on peut en effet tout perdre et devoir encore de l'argent aux banques longtemps après. Et si une majorité des entrepreneurs de l'écosystème sont issus de familles assez privilégiées, ce n'est pas toujours le cas, et ce n'était pas le mien.

Comme dans tout investissement, il ne faut jamais investir plus que ce qu'on est prêt à perdre. Il faut donc rester réaliste : investir de l'argent personnel est indispensable mais garder une poire pour la soif l'est tout autant. Vous ne devez pas en plus porter ce poids supplémentaire : « Si je rate, je perds tout et ma vie est foutue ». Croyez-moi, il y aura déjà assez de pression comme ça avec tout un tas de sujets pour que vous n'ayez pas besoin d'en rajouter.

La dette bancaire est une bonne idée, à condition, là aussi, qu'elle ne soit pas sécurisée sur votre maison ou vous-même. J'ai fait cette erreur avec ma première boîte et je rembourse, encore à ce jour, la partie du prêt bancaire que j'avais garanti moi-même. C'était normal d'avoir envie de le faire, mais c'est aussi un peu idiot… Cela aurait pu me mettre encore plus en difficulté à l'époque où j'étais interdite bancaire et où je n'avais même plus de quoi payer mon loyer. La BPI* est là pour ça, pour aider à sécuriser les prêts. C'est donc mieux si vous pouvez avoir la BPI qui garantit votre prêt bancaire.

Dans ce cas, et c'est différent avec les fonds, essayez de monter des plans les plus réalistes possibles car les banques sont plus frileuses. Elles détestent le risque et aiment les choses stables, là où les investisseurs ont plus de goût du risque et aiment l'hypercroissance. Certains vous conseilleront d'écrire trois « BP » : un très ambitieux pour les investisseurs, un ambitieux pour vous et l'équipe, et un modeste pour la banque. Je n'ai jamais fait comme ça car cela ne correspond pas à ma façon de travailler mais c'est une possibilité. Moi, je préfère que tout le monde ait les mêmes chiffres et qu'on soit tous alignés. J'ai toujours « deux BP » : un « BP » de travail et un « BP » « crash », c'est-à-dire un « BP » « scénario catastrophe » pour étudier la robustesse du modèle et anticiper sur ce qui pourrait mal tourner. Cela permet notamment de bien évaluer le besoin en « cash » et de prendre les bonnes décisions stratégiques. Je trouve ça plus utile que d'avoir un « BP » totalement hors-sol pour les investisseurs, et plan-plan pour les banques. En faisant comme cela, personne ne sera jamais d'accord avec les résultats et on s'y perd. Mais il est évident que présenter un « BP » qui montre que l'on va passer de 0 à 50 millions de chiffre d'affaires en trois ans est une hérésie. Ces progressions fulgurantes ont existé mais cette période est révolue. Il existe encore quelques pépites qui parviennent à des sommets en peu de temps (comme Voodoo dans le jeu vidéo, ou Sorare dans les NFT), mais l'immense majorité des start-up mettront plus que trois ans à générer 50 millions d'euros de chiffre d'affaires. Être réaliste ne signifie pas manquer d'ambition, bien au contraire !

La vérité par les chiffres

Un des éléments qui définit le plus la fameuse start-up nation est son intérêt pour le digital, et donc pour les chiffres. C'est sans doute en raison d'une des qualités essentielles du digital : avec lui, tout peut être monitoré ! Lorsque l'on fait une campagne d'affichage dans le métro ou une pub dans un magazine, il est très compliqué de savoir combien de gens l'ont vue et quel impact durable elle peut avoir. Les grandes marques ont les moyens de dépenser de l'argent pour apparaître sur ces supports traditionnels, les start-up beaucoup moins. Les campagnes d'affichage des start-up dans le métro ou de à la télé coïncident souvent avec les levées de fonds : on aime bien dépenser l'argent quand on le reçoit, ce qui est à mon avis une erreur.

Chez JOONE, une de nos plus chères opérations marketing était de l'échantillonnage dans un magazine grand public. Comme toutes les marques sérieuses le faisaient, on s'est dit, faisons-le. Ce fut un échec cuisant. Nous n'avons rien appris de ces potentiels clients et n'avions aucun moyen de continuer l'aventure JOONE avec eux puisque c'était de l'exposition papier. Nous avons donc fait un chèque énorme pour un retour sur investissement proche de zéro.

Ce genre d'expérience nous fait vraiment aimer ce qui est chiffrable et le ROI (*return on investment*, soit retour sur investissement) qui permet de savoir ce que l'on gagne – 100, 10 ou 1 € – quand on en a dépensé 10 €. Ce sont d'ailleurs des chiffres que les investisseurs et les banquiers regarderont beaucoup, le ROI mais aussi le CAC (coût d'acquisition), le taux de rétention (combien de clients restent), le taux de répétition (combien rachètent et à quelle fréquence), la LTV (*lifetime customer value*), c'est-à-dire ce que rapporte un client tout au long de sa vie avec la marque.

Un très bon exemple est celui de Starbucks aux États-Unis. Imaginez que le client de Starbucks va en moyenne acheter une boisson 3 à 4 fois par semaine, dépenser en moyenne 5 $, ce qui fait une *weekly customer value* d'environ

23 $ par semaine. La durée moyenne de fidélisation du client est d'environ 20 ans, avec une rétention de 75 % et un taux de discount de 10 %. Si l'on considère que la marge sur une boisson est de 21 %, alors la LTV moyenne du client Starbucks est d'environ 14 000 $. Quelle conséquence ? Cela veut dire que Starbucks peut dépenser (en théorie) au maximum 14 000 $ pour acquérir un seul client en publicité, partenariat, ouverture de boutique, tout en continuant à gagner de l'argent. À l'inverse, si la dépense de la marque est supérieure à la LTV, alors, théoriquement, elle perd de l'argent. Comprendre le principe de la LTV et savoir être raisonnable dans sa mise en œuvre est un des éléments clés d'un business plan… Dans le domaine, Starbucks a des dizaines d'années d'expérience en retour client, donc c'est clairement plus facile pour eux que pour une start-up !

Oser l'ambition

Les BP ont souvent les défauts et les qualités de leur créateur. Parfois, ils sont totalement déconnectés de la réalité et présentent des perspectives à 50 ou 60 millions de chiffre d'affaires en trois ans. Parfois, ils sont totalement déconnectés des attentes des investisseurs en présentant des perspectives à 200 000 € en quatre ans. Aucune de ces deux approches ne fonctionne. Cela dit, oser être ambitieux ne veut pas dire être déconnecté de la réalité du marché et des possibilités structurelles de croissance que peut avoir son business. Je pense qu'aucune licorne française n'a réussi à atteindre 50 millions de chiffre d'affaires en trois ans qu'aucune d'entre elles n'avait cette ambition. De la même manière, vouloir lever des fonds sur une valorisation de plusieurs millions en espérant faire 200 000 € de chiffre d'affaires (je parle bien de chiffre d'affaires, pas de résultat net), semblera assez illogique à un investisseur qui cherchera un retour sur investissement assez élevé, entre deux et dix fois sa mise, espérant même, évidemment, la multiplier par cent, même si cela reste très rare.

Oser l'ambition, c'est justement ça : réussir à être honnête vis-à-vis de ses propres attentes. Cela rejoint intimement la question du "pourquoi" on décide de se lancer. Pour l'argent, pour la gloire, pour l'accomplissement personnel, pour travailler... Autant de raisons qui, dans chaque aventure entrepreneuriale, se traduiront différemment en termes d'attentes financières. Je n'aime pas les généralités du type "les femmes sont moins ambitieuses que les hommes" car je ne pense pas que ce soit foncièrement le cas. Je pense que nous avons en tant que femmes un lourd héritage patriarcal à porter. Il y a de cela quelques années seulement, on considérait encore que nous n'étions pas faites pour travailler, encore moins pour faire des affaires, que nous n'étions pas destinées à être indépendantes financièrement, que nous ne pouvions pas gérer notre propre vie. Alors, quand une femme fait preuve d'audace et qu'elle veut réussir, on a encore tendance à trouver cela déplacé. Si un homme affirme son ambition plus facilement, c'est peut-être que la société questionnera moins facilement sa légitimité à être ambitieux.

Avec le parcours atypique qui est le mien, j'ai été souvent confrontée à cela. Je ne suis pas particulièrement ambitieuse, mais je suis très orientée business : je suis tout à fait à l'aise avec mon activité de CEO et je considère que je n'ai pas à m'excuser ou à rougir d'être là. J'arrive, même si c'est parfois difficile, à prendre les décisions courageuses qui doivent être prises. Pourtant, comme lorsque j'étais comédienne, je sais que je ne fais pas l'unanimité. Je l'ai appris lors de ma première levée de fonds. Certains fonds me trouvaient inspirante, pleine de vie, étaient touchés par mon combat, les valeurs que je voulais défendre. D'autres me trouvaient « hystérique » (le mot fut employé !), trop différente, trop éparpillée avec mes douze vies comme ces chats qui ressuscitent tout le temps. J'ignore si l'on aurait fait ces réflexions à des hommes, mais je suis convaincue que personne n'aurait reproché à un homme d'être transporté par son idée et de la défendre avec autant de ferveur. Je pense en fait que personne n'aurait jamais dit à un homme qu'il était « hystérique ».

Encore aujourd'hui, j'ai le sentiment que dire d'une femme qu'elle fait des affaires, c'est dire un gros mot. J'ai aussi l'impression qu'une femme qui appartient à l'univers du business et qui prend des décisions en cheffe d'entreprise ne peut pas être douce, équilibrée juste normale. Elle doit forcément être clivante et, on l'a vu, hystérique. Mais je suis habituée... Plus jeune déjà, je n'étais pas la fille « cool » du lycée, celle qui avait plein d'amis et qui était populaire. J'étais cette fille un peu dégingandée qui lisait des livres et qui n'entrait pas dans le moule. Je ne m'en excusais déjà pas à l'époque, et je n'ai donc pas envie de m'en excuser aujourd'hui.

J'ai beaucoup de mal à faire semblant car je suis quelqu'un de très transparent, à l'image des valeurs de JOONE. C'est peut-être pour cela que je suis aussi heureuse dans ce que je fais au quotidien et pour ça que je n'ai pas envie de faire semblant d'être quelqu'un d'autre pour plaire à plus de gens. Je trouve qu'on ressent une vraie forme de plénitude à être bien avec soi-même, à être fier de ses actes. Aujourd'hui, je suis fière de la femme que je suis devenue, seule à la sueur de mon front, sans argent de famille, sans réseau, en étant la fille trop intello, pas assez jolie, pas assez sociable, pas assez cool, que j'étais au lycée. Je suis fière d'avoir grandi malgré (et grâce à) tout ça et de ne pas avoir lâché.

« MAMA-NAGER »

Dans l'écosystème start-up, on devient manager un peu par hasard. On devient chef d'entreprise car on dirige l'entreprise que l'on a fondée après avoir eu l'idée de départ, pas parce qu'on rêve de manager des équipes qui grandissent de plus en plus. C'est vrai ailleurs également, quand on crée sa petite structure en tant qu'artisan, indépendant ou « freelance », on est seul et puis, se retrouve parfois à diriger des collaborateurs. Nombreux sont ceux qui commencent avec un alternant puis un salarié puis, deux, lorsque la structure grandit pour absorber la charge de travail.

C'est un peu différent dans une entreprise où l'on est salarié : le rôle de manager est souvent recherché car il permet de gravir les échelons, d'obtenir un meilleur salaire et d'avancer dans son plan de carrière. C'est à la fois hyper cohérent (vouloir grandir dans son poste), mais au fond pas très logique : diriger des équipes, cela ne requiert pas du tout les mêmes compétences que d'exercer son métier « de base » : être un expert c'est avoir beaucoup d'expertise technique des relations humaines et de la psychologie qui sont surtout le cœur du management. On est dans deux domaines bien différents !

Manager n'est pas la plus difficile des choses, mais ce n'est pas naturel. Cela s'apprend. Étant destinée à une carrière universitaire, je n'étais pas censée manager grand monde à part peut-être des étudiants dans une salle de classe et j'allais faire sans doute un peu d'administratif. C'était sans compter la campagne de recrutement de mon premier poste à l'université pour lequel on m'a embauchée « par défaut ». J'ai été classée dernière pour ce poste. Je faisais très jeune, j'étais une femme, j'avais un côté timide. Voilà ce qu'on m'avait répondu pour justifier mon classement : « Comment tu vas faire pour gérer tous *ces étudiants ?* »

Avec mon passage en tant qu'enseignante à l'université, j'ai pas mal de très beaux exemples de discrimination à mon actif : alors que je postulais pour un poste à Rennes 2, où j'étais déjà ATER (Attachée Temporaire d'Enseignement et de Recherche), on ne m'a pas donné le poste, en m'expliquant en off que j'arrivais avec une petite croix autour du cou, que j'avais mis sur mon CV que j'avais pratiqué l'équitation comme sport universitaire, et que j'avais fait ma recherche dans des facs privées américaines. Rennes 2 était une université réputée « *de gauche* », et tout ça ne pouvait pas passer, m'avait-on dit après le jury de recrutement.

Idem pour ce poste de maître de conférences dans le Sud de la France que j'ai déjà évoqué plus haut, où l'on m'a classée dernière en me disant que mes publications américaines (en littérature *américaine*) étaient moins prestigieuses que des publications françaises (que la plupart des doctorants n'obtiennent pas en France, surtout parce que le nombre de publications y est plus faible !). On m'avait reproché d'avoir tenté d'éviter le système en allant faire ma recherche aux État-Unis plutôt que d'en baver ici à enseigner dans des collèges et des lycées. J'allais devoir attendre dix ans et forcément passer par des postes comme Prag ou professeur de lycée avant de pouvoir caresser l'espoir d'obtenir un poste de maître de conférences. Je me retrouvais systématiquement classée après des gens qui avaient cinq, dix ans de plus que moi, qui étaient certainement très doués, mais qui avaient surtout respecté le système.

Le fameux poste que j'ai fini par décrocher (alors que, j'étais classée bonne dernière), je l'ai eu grâce, à un heureux concours de circonstances : tous les candidats classés avant moi l'avaient refusé ! Cela m'a mise dans une position assez étrange : débarquer dans un service où personne n'avait vraiment souhaité que j'arrive. Et pour cause, un des participants au recrutement m'avait confié après mon arrivée la raison de mon classement bonne dernière : on m'imaginait mal, avec mes jupes et mes pulls de thésarde, toujours cette petite croix autour du cou, et mon jeune âge, survivre devant « ces étudiants » (je cite), c'est-à-dire une population extrêmement diverse, issue de milieux sociaux et religieux très disparates.

Toujours, on a retenu contre moi le fait que j'étais une femme, que malgré ma grande taille j'avais l'air un peu timide ou fragile, et surtout que je faisais trop jeune pour être prise au sérieux. Alors que j'avais soutenu une thèse à la Sorbonne, la plus prestigieuse université française en lettres, avec des recommandations dithyrambiques de mes anciens professeurs et de mon directeur de thèse ! Même avec une thèse de doctorat obtenue avec les félicitations du jury à l'unanimité, le grade le plus élevé, j'étais systématiquement discriminée.

J'ignore encore pourquoi l'ouverture à la diversité était si compliquée pour certains de mes collègues de la fac alors qu'on prétend y faire preuve d'une plus grande ouverture d'esprit et que les profils y sont justement très divers. Certains profs jugeaient bon d'interdire les absences certains jours fériés dans certaines religions, allant même jusqu'à nous interdire d'excuser les étudiants en question, notamment en cas de départ avant le coucher du soleil, et de les comptabiliser absents, décision qui impactait ainsi leur note finale. Ça créait un véritable malaise.

Je voyais dans cette immense diversité un des meilleurs exemples de tolérance et de bienveillance : ils venaient d'horizons différents, étaient de différentes religions, et ils s'entendaient très bien, étaient très respectueux des uns et des autres. Aucun ne m'a traitée d'ailleurs comme on l'avait supposé, comme une jeune fille, catholique, fragile, et sans expérience. Une très grande majorité d'entre eux a adoré les cours que nous avions ensemble. Déjà à l'époque (mes réflexes d'entrepreneur ont finalement commencé plus tôt que je ne le pensais !) je faisais, en fin de semestre, un questionnaire anonyme de satisfaction sur le cours et sur mon enseignement. Cela me permettait de mieux comprendre les attentes et aussi de m'améliorer.

Toutes ces pratiques très américaines ne plaisaient pas forcément à mes collègues. Cela m'a néanmoins incitée à continuer chez JOONE ce sondage systématique et anonyme : nous avons un logiciel qui pose de manière anonyme huit questions à tous nos collaborateurs pour nous permettre de prendre le pouls des équipes, vérifier si tout va bien, et savoir à quoi nous devrions être plus attentifs.

Dans ce contexte assez difficile donc, j'ai dû apprendre à gérer sur trois niveaux : encadrer mes étudiants, ce qui a été le plus facile finalement car j'ai eu des étudiants absolument merveilleux, manager les collègues dont j'étais responsable et assurer ma propre relation avec les gens au-dessus de moi (le directeur de l'UFR, le doyen, etc.).

Oui, encadrer mes étudiants fut un vrai bonheur. Déjà, car j'étais très organisée. Une fois réglée la partie organisationnelle que j'avais héritée, tout était assez simple. Par ailleurs, comme personne n'avait de hautes attentes vis-à-vis de moi, je ne pouvais finalement décevoir personne et cela me laissait plus de liberté pour faire un peu comme je voulais. Là où tout le monde pensait que j'allais me faire dévorer, j'ai en fait adopté la même stratégie d'enseignement et de management apprise auprès de mon père : être exigeante et un peu ferme au départ, avoir des attentes élevées, tout en étant extrêmement aidant et en m'adaptant au niveau des étudiants.

J'avais entendu depuis mes premières années dans des écoles de commerce postbac des collègues râler sur le fait que le niveau était trop bas, que les étudiants étaient nuls, qu'ils ne savaient pas travailler, sans qu'à un quelconque moment ils se remettent, eux, en question. Car ces mêmes étudiants avaient bien été formés par d'autres enseignants auparavant qui auraient justement dû leur apprendre comment travailler car telle est notre mission d'enseignant : il ne s'agit pas juste de transmettre bêtement un savoir mais de le rendre vivant et de permettre aux élèves de se l'approprier.

J'ai donc toujours adopté cette même tactique, à la fac comme quand je recrute quelqu'un chez JOONE : ce qui a été fait avant ne m'intéresse pas, je prends les gens tels qu'ils sont au jour 1 et je réalise un plan de progression en fonction de là où ils doivent être en fin d'année, en me rapprochant au plus près du programme établi sans me sentir esclave pour autant. Peu importe qu'un étudiant débute avec un score ultramédiocre au TOEIC, ce qui m'intéressait, c'est qu'il puisse l'augmenter le plus possible, et que, par là même, il trouve en plus un regain de fierté à travers son travail, qu'il s'intéresse à nouveau à la matière s'il l'a prise en grippe et, donc, qu'il travaille encore plus.

Cette approche a énormément plu à mes étudiants qui y voyaient une chance de repartir à zéro pour certains et pour d'autres de pouvoir vraiment progresser. J'ai toujours noté sur l'ensemble du panel intégral des notes, de 0 à 20, faisant fi de la convention française qui veut qu'on ne dépasse pas certaines limites. Un collègue disait : « 20, c'est Dieu, 19, c'est moi, 18, ce sont les collègues : ils n'auront jamais plus de 17 ! » Je suis contre cette approche. Avec une grille de notation toujours transparente, fournie aux étudiants en début d'année, le contrat moral était clair et il n'y avait aucune surprise : cela a créé un climat de confiance, de rigueur, de travail qui laissait plus facilement place à la détente et à la créativité. J'ai enseigné l'anglais juridique en reproduisant en cours un vrai procès en jeux de rôle, avec juge, accusés, avocats ; la communication de crise en reprenant un vrai cas d'étude du crash aérien sur l'Hudson ; ou encore le commerce international en faisant des ateliers de découpe pour comprendre l'offre et la demande. Une fois à la tête de mon entreprise, j'ai essayé de reproduire cette façon de faire.

En revanche, manager mes collègues fut assez complexe : la partie organisation était très simple (créer des emplois du temps, des programmes...), mais j'avais été nommée à la direction de l'équipe qui comprenait une enseignante proche de la retraite et disons-le, franchement toxique ! Elle considérait les élèves avec beaucoup de condescendance et leur manquait parfois de respect au point qu'il fallait essayer de limiter les interactions entre elle et les étudiants en jouant sur les emplois du temps. Il est d'ailleurs particulièrement dommageable pour tout le monde qu'il n'existe presque pas de sanction dans ce genre de cas et qu'elles ne soient que très rarement appliquées. Elle avait bien senti que nos valeurs nous opposaient clairement et, pour la première fois, j'ai dû manager quelqu'un qui ne m'appréciait pas non plus en retour. Conclusion ? C'est assez délicat, mais on s'en sort !

Gérer les attentes de mes chefs de l'époque n'a pas forcément été simple ambigu : une partie appréciait énormément ma volonté de tout changer et de faire bouger les choses, et une partie était mal à l'aise vis-à-vis de cela. Par chance, j'ai toujours eu le soutien de mes différents doyens, donc une certaine liberté. J'ai mis en place pas mal de stratégies d'évitement lorsque j'étais confrontée à des collègues peu aidants. Quoi qu'il en soit, je n'avais pas l'intention de renoncer à ce que j'étais dans ma carrière. J'étais la somme de mes valeurs et de mes compétences et il fallait que tout le monde, surtout eux, apprenne à faire avec.

Que ce soit dans les recrutements ou dans le management au quotidien, j'essaie de me concentrer uniquement sur deux choses : les compétences et les valeurs, chacune à 50/50. Nous recrutons des gens qui sont compétents bien sûr, mais dont les valeurs doivent absolument être alignées avec les nôtres. C'est excessivement dur de savoir avec seulement quelques entretiens si nous partageons les mêmes valeurs. Nous avons eu des ratés, surtout quand nous n'étions pas bien structurés dans les premiers temps. Les toutes premières embauches étaient faciles car nous étions une minuscule équipe et rares étaient les gens qui postulaient : nous avions donc une première équipe de gens ultra-motivés, heureux de pouvoir créer entièrement leur poste, et qui sont d'ailleurs restés très longtemps chez JOONE. Je ne les remercierai jamais assez, car c'est notamment grâce à eux que JOONE est devenue ce qu'elle est !

Notre deuxième phase de recrutement a donc été plus compliquée car nous devions recruter très vite, ce qui amène souvent à faire parfois des choix « discutables ». Paul, le père de mon fils, qui est avocat en droit social et un fin RH*, m'a beaucoup accompagnée sur ce sujet et aidée à progresser afin d'avoir une meilleure compréhension et une meilleure lecture des enjeux RH et juridiques.

Je conseillerais donc de suivre ces quelques conseils que je n'ai pas suivis à l'époque. D'abord, ne jamais doubler une équipe en moins de six mois. C'est beaucoup trop difficile, notamment sur la capacité à « *onboarder* »* (intégrer) les nouveaux qui se retrouvent un peu largués au milieu d'une machine qui avance à toute vitesse. J'ai mis plus d'un an à structurer, avec notre chargée RH, la JOONE Academy, un programme d'arrivée que nous avons lancé en 2020, inspiré de la Cheerz Academy, le programme d'onboarding (accompagnement) de la société Cheerz, créée par mon ami Antoine Le Conte. La JOONE Academy se tient cinq fois par an et permet à chaque équipe de présenter son travail pour que tout le monde ait les bonnes connaissances. Elle s'étend sur quatre semaines, et évidemment, chacun continue à travailler à côté. Mais c'est un super moyen, pour de petites structures comme les nôtres de bien accueillir les nouveaux.

J'essaie de manager en restant le plus fidèle à mes convictions et à mon caractère. J'ai un côté assez maternant, un genre de maman-manager (ce qui colle évidemment très bien avec mon business), qui fait que j'aime prendre soin des gens autour de moi. J'ai une affection particulière pour chacun de nos JOONIES, le surnom que se sont donné mes collaborateurs, même si je ne pourrais pas dire qu'ils sont mes amis. Je sais faire la différence. J'ai besoin, pour me sentir fière de mon travail, de toujours privilégier l'humain dans la gestion du quotidien. Nous avons eu en six ans de JOONE bien des situations : certains ont perdu des proches, ont appris le cancer d'un parent ou vu leurs parents divorcer. Certains ont vécu des ruptures, des dépressions, des maladies... Nous sommes allés, en équipe, loin de Paris, assister aux obsèques du père d'une de nos collaboratrices et lui témoigner notre soutien infaillible dans cette épreuve. J'ai pris la décision d'accorder un mois de congés payés à une salariée qui avait du mal à se remettre du décès d'un proche et qui avait besoin de temps pour se permettre. Nous avons instauré le « Parental Act »* pour le second parent, qu'il soit homme ou femme, dès 2019. Je me souviens aussi de cet épisode. Un de nos collaborateurs historiques, qui avait débuté très jeune chez nous, s'était lancé en parallèle dans une carrière de sportif de MMA, un art martial extrême (il est d'ailleurs parti pour poursuivre une carrière sportive avec succès). Un jour de séminaire, il est arrivé le matin le coude très enflé à cause d'un combat la veille. Les urgences avaient refusé de le soigner, et il voulait assister au séminaire. Nous sommes allés à la pharmacie lui acheter une attelle, puis nous avons fait un arrêt dans un centre médical pour qu'ils puissent passer des radios avant de venir le récupérer pour qu'il puisse assister au séminaire qu'il ne voulait absolument pas rater !

Il est impossible de dire précisément comment il faudrait réagir face à chaque situation et l'on ne peut d'ailleurs réagir parfaitement à chaque fois. Il serait faux aussi de dire que j'ai pris chacune de mes décisions uniquement pour prendre soin des autres. Je les ai aussi prises pour pouvoir être en accord avec moi, pour pouvoir me regarder dans une glace chaque matin et ne pas avoir honte de qui j'étais devenue en montant ma boîte. Et il faut aussi le dire, adopter une politique RH bienveillante favorise la rétention des talents et aussi la performance. Je crois intimement que les gens heureux travaillent mieux. Nous en faisons l'expérience chez JOONE : nos plus belles années d'un point de vue de résultats ont été celles où nos scores RH étaient aussi les plus élevés.

Je vous arrête tout de suite : ça ne veut pas dire que je dis oui à tout ou encore que je n'ai aucune forme d'autorité. Je pense que l'autorité, encore une fois si elle est bienveillante et constructive, offre un formidable cadre pour l'action, qu'elle est très sécurisante pour bien de gens. Je n'ai jamais considéré que dire non était quelque chose de violent, que ce soit dans ma vie professionnelle ou ma vie personnelle. Au contraire, je milite pour le droit de dire « non » dans le travail et ailleurs, notamment car savoir dire « non », c'est aussi donner plus de poids et de crédibilité à son « oui ».

Dans la société dans laquelle on vit, on incite de plus en plus les femmes à dire « non » à titre personnel, notamment dans leurs relations avec les hommes, même s'ils sont leurs supérieurs hiérarchiques par exemple. Et il est essentiel de cultiver ce droit à dire « non » et d'affirmer sans en être gêné que dire « non » est une compétence qu'il faut absolument cultiver dans une société où le bien-pensant l'emporte parfois trop vite.

Dans le monde américain où les retours, les commentaires que l'ont fait aux gens – sont souvent très « politiques » et où l'on préfère dire « Peut-être plus tard » plutôt que de dire non tout de suite, ma façon de faire dénote donc un peu. Pour moi, dire « non » ne veut pas dire que ce que l'on m'a proposé est nul ou raté ou pas bien qui me force à dire « non ». Dire « non », c'est aussi apprendre à circonstancier son refus, à expliquer pourquoi on dit « non », et à rester constructif malgré tout. Je dis souvent « non » en expliquant pourquoi, mais surtout en proposant ce qu'on pourrait modifier pour que les choses progressent. C'est une opposition certes, mais qui fait avancer le projet. C'est tout l'intérêt d'un bon et vrai « feedback » : il doit être constructif et permettre de progresser. Dans le travail, dire non, ça ne doit pas être un refus en bloc, une fin de non-recevoir mais un moyen de repenser les choses.

Au quotidien, j'essaie de structurer les choses au maximum, un peu comme je le faisais avec mes étudiants. Nos collaborateurs chez JOONE ont accès à toutes les informations relatives à l'entreprise. Je veux cultiver ce climat de transparence. Seul le contenu des relations investisseurs est confidentiel. Nous commençons d'ailleurs la semaine par cela : parler des chiffres de la semaine ou du mois précédent, faire un récapitulatif des « *highlights* »* et « *lowlights* »*, en gros, ce qui s'est bien passé et moins bien passé. Il existe pour chaque équipe et pour chaque salarié individuellement un document de suivi à la semaine. Ce sont des fichiers ouverts sur lesquels chacun est libre de voir les annotations. Vous l'aurez compris, je suis très attachée à la vérité. Je crois profondément en ces mots de John Keats : « *Beauty is truth, truth beauty* » (« la vérité est beauté, la beauté vérité »). Oui, il existe quelque chose de fondamentalement « beau » dans la vérité au quotidien : une forme de soulagement – aucune crainte que des choses « ne sortent » puisque tout est su – et une vraie fierté car parler des choses, est bon au bout du compte. Ce n'est pas toujours facile. Quand les choses sont faciles à dire, positives, ça va mais c'est plus dur quand elles ne le sont pas. Je dédierai d'ailleurs un chapitre entier aux situations compliquées.

J'ignore si je conçois les choses ainsi car je suis une femme, mais je ne peux m'empêcher de le penser. Les études démontrent que les femmes sont bien plus enclines que les hommes à soutenir et à cultiver la diversité, l'équité et l'inclusion, et à se soucier du bien-être au travail[18].

Le revers de la médaille, c'est que les femmes managers connaissent plus « le burn-out » que les hommes (43 % versus 31 % pour les hommes[19]) la charge du travail complémentaire liée aux sujets de DEI : Diversité, Équité et Inclusivité[20], qui restent d'ailleurs peu valorisés et récompensés au sein des entreprises, en est l'une des causes. Peut-être notre capacité à faire preuve de plus d'empathie est-elle liée à notre côté maternant ? Des études cliniques très sérieuses en psychologie démontrent que les femmes font en effet preuve de plus d'empathie, à hauteur de 30 % par rapport aux hommes[21]. Diverses raisons sont évoquées et principalement, leur capacité à davantage ressentir et comprendre les émotions des autres[22]. Ainsi, les femmes managers seraient-elles à la fois plus empathiques, plus intéressées par des enjeux qui sortent du cadre strict de la performance, mais aussi moins présentes aux postes hiérarchiques les plus élevés qui ne valorisent que peu ces mêmes compétences.

Cela explique notamment que les femmes avancent moins rapidement que les hommes au sein d'un même management. Le travail sur ces compétences, dites « *soft skills* », est peu valorisé mais aussi difficilement mesurable. Pour 100 hommes qui sont promus à des postes de managers, seules 87 femmes le seront également. Ces chiffres baissent encore plus pour les femmes issues de la diversité[23]. Et l'ère post-Covid semble encore plus dure : pour chaque femme qui obtient un poste à responsabilité, deux femmes quittent le leur. Certains départs ont d'ailleurs fait pas mal de bruit : celui de Sheryl Sandberg, le numéro 2 de Facebook, qui a quitté ses fonctions en 2022, de Susan Wojcicki, la CEO de YouTube, une des femmes les plus influentes de la Silicon Valley depuis vingt-cinq ans qui était la mieux placée pour devenir la future CEO de Google, celui de Marne Levine, la directrice de la division Business de Meta ou celui de Sanna Marin, la Première ministre finlandaise… Autant de femmes de pouvoir occupant des postes à très hautes responsabilités qui ont décidé de prendre des rôles moins opérationnels, mettant en avant leur besoin de retrouver un équilibre entre vie professionnelle et vie personnelle. Le combat n'est donc pas (encore) pleinement gagné même si la montée en puissance du télétravail avec le Covid a aussi participé à faire reculer certaines inégalités.

Parlons télétravail justement. Inconsciemment, nous restons assez collectivement dubitatifs, voire suspicieux à l'égard du télétravail, surtout s'il est permanent. Le « *full remote* », c'est-à-dire le fait d'être 100 % à travailler chez soi, n'a pas vraiment la cote. L'idée communément partagée est quand même que ceux qui travaillent chez eux passent plus de temps à regarder la télé qu'à travailler et qu'ils ne s'y mettent que lorsqu'ils ont des réunions ou des rendez-vous. On pense même que c'est par fainéantise que certaines personnes sollicitent de pouvoir télétravailler. Je n'entrerai pas dans le débat de la productivité du télétravail qui dépend, je pense, de facteurs très hétérogènes : le caractère personnel de chacun, la structure et l'historique de l'entreprise, la mission de chacun, les habitudes de travail, etc. Mais il est intéressant de se demander pourquoi les femmes préfèrent travailler en distanciel ou favorisent plus le mode hybride que les hommes. Elles sont 1 sur 10 à vouloir travailler exclusivement sur leur lieu de travail contre 1 homme sur 3 et 49 % à valoriser la flexibilité lors d'une embauche contre 34 % des hommes[24]. On pourrait aisément imaginer que cela est lié à la flexibilité qu'exige la gestion d'un foyer et des enfants, mais ce serait une erreur. L'étude LeanIn & McKinsey montre que cette préférence qu'ont les femmes à travailler aussi en distanciel est principalement en lien avec les sujets de DEI, notamment les micro-agressions ressenties au quotidien sur leur lieu de travail. Être chez elles leur apporte plus de sécurité psychologique.

Ces scores sont encore plus élevés pour les populations issues de la diversité ou des communautés LGBTQ+. Cela démontre à quel point il est important de nos jours de prendre en compte le bien-être des salariés, la parité, l'équité au quotidien au travail, et de valoriser les compétences plus « invisibles » comme l'empathie, le souci de l'autre, délaissées au profit de la recherche de la performance. Finalement, de « mama-nager » un peu comme de « bonnes mères » de famille, pour reprendre cette vieille expression un peu paternaliste.

LE CŒUR DES TÉNÈBRES

Je redoute ce chapitre autant que j'ai hâte de l'écrire. Il traite de ce qui se passe quand tout va mal. Par transparence, je me dois de vous dire ici qu'il y a certaines choses dont je ne parlerai pas dans ce livre mais aussi certains passages qui seront relus par nos avocats ou par notre agence de communication. Pourquoi ? Parce qu'on ne va pas chercher 3 % d'un marché comme le nôtre sans se faire des ennemis, parce qu'on n'impose par la révolution de la transparence sans susciter une forme de colère, ou de mépris parfois jusqu'à l'acharnement. Il ne faut pas se faire d'illusions : le monde de l'entreprise est à l'image du monde réel. On y trouve des gens merveilleux mais aussi des gens atroces et quand les choses marchent moins bien d'ailleurs, les « vrais » restent, les autres partent et/ou s'en réjouissent. Nous parlerons dans un autre chapitre de la capacité à bien s'entourer. Mais pour l'instant, parlons de tout ce qui peut (et va) mal se passer.

La charge mentale

La bonne nouvelle, c'est qu'il y aura toujours des problèmes. C'est en effet une bonne nouvelle : plus votre activité grandira (ou plus vos responsabilités grandiront), plus les problèmes seront importants mais plus votre habilité à les gérer augmentera également. C'est la fameuse théorie du « *dreams come true, not free* » : les rêves se réalisent, oui mais pas comme ça.

Se lancer dans sa propre aventure comporte bien des inconnues, et la plus importante d'entre elles, c'est l'immensité de la charge et l'infinité de choses que vous aurez à gérer.

Au cours des six dernières années, je n'ai connu que quelques jours sans toucher à mon ordinateur et aucun sans utiliser mon téléphone. J'ai dû gérer une urgence médiatique la veille du week-end de mon mariage., J'ai travaillé vingt-quatre heures durant au lieu de me préparer au grand jour. J'ai réalisé une levée de fonds en plein milieu de mes vacances, passant mes matinées, mes soirées et tous mes repas au téléphone avec les avocats, les auditeurs, les investisseurs sous le regard dépité de ma famille et celui de ma mère qui râlait parce que je travaillais trop. J'ai fait plusieurs très gros malaises à cause de fortes chutes de tension les deux premières années de JOONE. J'ai fini deux fois à l'hôpital à cause d'épisodes de tachycardie assez inquiétants. J'ai été contrainte de sortir de mon lit avec 40 °C de fièvre pour aller au bureau apaiser la situation, entre un manager (qui ne fait plus partie de l'entreprise) et une stagiaire, ou pour négocier avec des fournisseurs. J'ai fait une conférence devant huit cents personnes avec une gastro-entérique carabinée.

J'ai oublié des anniversaires, des dates importantes. J'ai raté, très, trop souvent, les couchers de mon fils. J'ai passé des nuits entières à ne pas dormir pour travailler, des week-ends à travailler alors que mes amis sortaient, brunchaient, faisaient du sport. J'ai appris que l'inspection du travail avait débarqué pile le jour où j'étais partie à Londres pour essayer ma robe de mariée. J'ai passé la journée au téléphone tout en essayant les robes rapidement et totalement absorbée par ce qui se passait dans nos bureaux à Paris et pas par ma future robe. J'ai vécu plusieurs espionnages industriels, plusieurs procès de concurrents dont certains à mon sens complètement ubuesques. J'ai reçu la visite d'un huissier qui venait délivrer une assignation envoyée par un concurrent le jour même où je devais passer la journée à l'hôpital Necker suite à un accident de mon fils. J'ai dû mettre des blâmes à des salariés qui étaient rentrés ivres d'un déjeuner et avaient insulté leur manager, j'ai dû licencier des gens, aller aux prud'hommes. J'ai failli perdre des levées de fonds, des prêts, à la dernière minute, à cause d'un auditeur qui n'avait rien compris. Certains de mes salariés m'ont appelée en larmes d'un salon où ils s'étaient fait harceler sur notre stand par un concurrent. J'ai passé des heures à discuter avec un investisseur qui ne m'a pas regardée une seule fois et me répondait en regardant l'homme qui travaillait avec moi assis à ma gauche. J'ai été déçue, trahie, humiliée. Je me suis déçue moi-même, je me suis trouvée nulle, j'ai pris de mauvaises décisions, j'ai regretté.

Mais toujours, j'ai appris.

La fausse impression de liberté

La chose la plus importante que j'ai apprise de ces moments difficiles, c'est à gérer mes émotions. Ce fut d'ailleurs un des premiers ateliers que j'ai réalisés avec mon coach, Adrien Falcon, le créateur de la méthode Wave. ai. Être accompagnée, « mentorée », était d'ailleurs un des prérequis de ma première levée de fonds, justement car j'étais une « solo-founder »* et qu'il avait été décidé – à raison – que j'avais besoin d'aide pour apprendre à « scaler »*. « *Scaler* », c'est un mot qui n'existe que dans le monde des start-up : ça veut dire grandir très vite. Et « scaler », c'est comme un marathon qui ne finit jamais. C'est grandir à une vitesse qui nous dépasse sans jamais devoir être dépassé. C'est un « mal » merveilleux car ça veut dire que tout marche bien, voire mieux que prévu, mais cela reste un mal.

Adrien, donc, est entré dans ma vie pour m'apprendre à « scaler ». La première année de JOONE, j'ai fonctionné sur mes compétences propres : ce que j'avais appris de ma précédente expérience (dire non, prendre des décisions, même douloureuses, rester concentrée sur la finalité, mettre le client au centre de tout) et mes compétences annexes de mes vies d'avant (« pitcher », analyser, communiquer, comprendre les autres). C'était bien, mais ça ne suffirait pas pour toute une vie de JOONE. Par chance, la recherche scientifique m'avait appris qu'il fallait toujours rester humble devant l'étendue des choses qu'on ne savait pas, et par conséquent, continuer d'apprendre toute sa vie. J'ai donc accueilli Adrien dans ma vie avec une immense joie, surtout que j'avais déjà le sentiment, après tout juste un an de JOONE, d'être complètement « cramée » alors que nous étions encore si petits à l'époque et qu'il n'y avait pas encore eu le coup de projecteur de *60 Millions de consommateurs*. Adrien m'a enseigné de nombreuses choses (j'en parlerai dans le chapitre sur l'organisation de ma vie) et en particulier à canaliser mes émotions.

Diriger une entreprise, c'est se retrouver dans un goulot d'étranglement, dans une zone tampon entre, d'un côté, le haut d'une pyramide où vous devez diriger tous les gens qui la composent, les inspirer, projeter toute votre équipe, avec lesquels vous devez partager une vision, à qui vous devez montrer le chemin, pour qui vous devez être un peu un phare dans la nuit chaque jour que Dieu fait ; et, d'un autre côté, d'une pyramide inversée où se trouvent au-dessus de vous les investisseurs, les banquiers, les marchés, toute une économie… Bref, tous les gens qui vous demandent des comptes et de qui dépend la survie financière de votre entreprise. C'est d'ailleurs une des plus grandes erreurs sur l'entrepreneuriat que de croire que l'on n'aura jamais de chef ou que personne ne sera plus jamais en position de vous dire quelque chose. Soyons clairs, je suis l'unique CEO de JOONE et je l'ai toujours été, j'ai la capacité décisionnelle majoritaire au sein de notre « *board* », je ne travaille pas pour mon *board* ni pour mes investisseurs. Néanmoins, je ne vis pas seule au sommet d'une tour dorée régnant en despote sur le monde en dessous de moi, et je dois, souvent si ce n'est toujours, écouter, obéir, tenir compte des avis, rendre des comptes aux investisseurs, aux banquiers, au marché, au monde extérieur. Si je ne le fais pas, j'expose la société à des risques et même à sa perte, alors que mon job est aussi de garantir l'avenir de la société coûte que coûte.

Alors parfois, souvent même, je ravale mon orgueil de dirigeante, je prends mon mal en patience pour réexpliquer et pour convaincre que la direction que je prends est la bonne ou, à l'inverse, pour m'adapter à des tendances de marché. Je ne travaille pas pour mon *board* ni pour le marché, mais je me dois de les écouter et de composer avec tous les phénomènes extérieurs. À tous ceux et celles qui pensent qu'être le CEO de sa boîte est la forme de liberté la plus absolue qui soit, je ne pourrai donc que dire qu'ils ont tort. C'est aussi parce que, comme je le disais plus haut, la charge est constante, considérable, sans fin. Monter sa start-up, c'est courir un marathon comme un sprint. C'est épuisant et exigeant, moralement, financièrement, physiquement. On peut potentiellement en sortir une satisfaction extrême, mais la charge est là, réelle. Quand vous devez renoncer à vos vacances car un de vos plus gros clients vous demande quelque chose et que refuser mettrait en péril toute votre activité ou quand vous devez tirer un trait sur un moment de qualité avec vos proches car une urgence vous rappelle au travail un jour férié, ce n'est pas vraiment la liberté...

Gérer ses émotions

Adrien m'a donc appris à gérer mes émotions et notamment les états contradictoires ou extraordinaires et la complexité qu'ils créent : il faut être capable de grandir de manière infinie au sein d'un monde fini, d'accumuler en quelques mois des compétences que l'on met normalement des années à apprivoiser, de vivre dans l'incertitude constante, avec une charge quotidienne, dans la plus grande sérénité. J'avoue que lorsque nous avons débuté, je n'y croyais pas. Nous étions huit salariés chez JOONE à l'époque et je me sentais déjà tellement dépassée. J'arrivais à prendre des décisions mais je « les » emmenais à la maison avec moi. Je pleurais des heures à cause du stress, de la tension. Je laissais mes émotions m'envahir complètement dans ma sphère personnelle en pensant que cela me rendrait plus efficace au travail. C'est un peu comme si je fermais tous les robinets le matin en arrivant au bureau et que je les rouvrais le soir en rentrant, et qu'en deux minutes tout débordait.

Adrien m'a appris à canaliser mes émotions en mettant en place une organisation militaire dans ma vie, décision reposant sur le constat que ma vie personnelle et celle de la boîte étaient si finement entremêlées qu'elles devraient de toute façon apprendre à vivre ensemble. Sur le long terme, si je ne tenais pas le coup, la boîte ne tiendrait pas non plus et je devais accepter de prendre autant soin de moi que je prenais soin de ma boîte. J'ai donc accepté d'isoler des moments dans mon agenda pour faire du sport, j'ai embauché une assistante, j'ai posé un week-end tous les deux mois pour voir ma famille, j'ai débuté les massages hebdomadaires pour soulager mon corps en souffrance, et j'ai isolé une demi-matinée par semaine pour monter à cheval. J'ai structuré mon quotidien pour que la Carole que je suis puisse exister aussi aux côtés de la Carole, CEO de JOONE. J'ai retrouvé du plaisir à voir mes amis et celui qui allait devenir mon mari et à prendre un peu de temps sans culpabiliser. J'ai accepté de faire une très grande majorité de choix pour JOONE tout en gardant une petite part de choix pour Carole. J'ai appris à absorber les nouvelles et à les traiter rapidement, sans nier mes émotions, mais en m'efforçant de les gérer : j'avais le droit à chaque nouvelle que j'apprenais à cinq minutes d'émotion quelle qu'elle soit (peur, colère, larmes mais aussi joie, bonheur) et je devais ensuite systématiquement me projeter. Qu'est-ce que cette nouvelle (il faut être honnête, j'utilisais beaucoup la méthodologie pour les nouvelles pénibles) implique ? Quelles sont les solutions que je peux trouver ? Si je n'en ai pas tout de suite, en combien de temps puis-je en trouver une ? S'il n'en existe aucune, quel impact pour moi/la société ? Et en me forçant à me projeter ainsi, je passais immédiatement en mode « résolution ». Encore aujourd'hui, quand je reçois des nouvelles qui peuvent me perturber complètement, cela ne dure que cinq minutes. J'ai le droit à ces cinq minutes de colère, de désarroi, de peine, de torpeur. Ensuite, j'ai une obligation morale de passer à ce mode « résolution ». Ainsi, mes émotions ont-elles le droit d'exister mais j'ai aussi le devoir de ne pas les laisser m'envahir. Ce fut long à mettre en place (je n'ai pas toujours tenu les cinq minutes, surtout au début) et parfois compliqué (il faut apprendre à laisser son émotion s'exprimer avec discrétion pour qu'elle ne déteigne pas sur les autres), mais aujourd'hui, j'arrive à absorber tous les sujets professionnels et une grande partie des sujets personnels de cette façon.

Pour les sujets personnels, j'ai également une deuxième méthode pour gérer mon stress et mes angoisses du quotidien, apprise d'un autre mentor, David Corona, l'ancien négociateur du GIGN avec qui j'ai travaillé pour lutter contre ma phobie à cheval et pour me préparer à mon accouchement. Il me faisait systématiquement imaginer les pires suites possibles à des événements et quelles seraient leurs conséquences. En imaginant et en verbalisant le pire, on se prépare intérieurement au plus haut niveau de complexité (et on est rarement déçu par son imagination !) et on est finalement plutôt satisfait de voir que la réalité a été bien plus facile à gérer qu'on ne le pensait. J'ai passé des heures à envisager le pire pour ma grossesse et mon accouchement. J'ai pensé au pire du pire dans tout ce qui pouvait, arriver, en allant jusqu'au plus tragique qui soit (je meurs, mon bébé meurt, tout le monde meurt). C'est une manière comme une autre de se préparer mentalement à la charge et aux imprévus. David Corona a d'ailleurs résumé toutes ses méthodes de coaching dans *Négocier*, un formidable livre que je ne peux que vous conseiller.

Gérer les émotions des autres

Nous parlions précédemment du fait d'apprendre à dire non. Devoir dire non chez JOONE reste toujours parmi les moments les plus difficiles pour moi, notamment quand il s'agit de sujets RH. Mettre fin à une période d'essai, devoir faire un recadrage sérieux, parfois se séparer d'un collaborateur, sont toujours pour moi la chose la plus difficile à faire, même aujourd'hui. Dans un monde parfait, les gens viendraient travailler le cœur léger, dans la bienveillance absolue, leur courbe de progression serait à l'image de celle de l'entreprise, la satisfaction serait mutuelle, chacun serait heureux dans les tous échanges et les interactions. Malheureusement, nous ne vivons pas dans un monde parfait. Être le « boss » de quelqu'un, c'est accepter de faire face à la complexité des émotions humaines, c'est accepter le risque de se perdre ou d'être trahi, le risque de perdition de l'autre. C'est accepter l'incompréhension, l'inégalité, la perte de motivation, le plafond de verre... Le volet émotionnel, social, humain est très important pour moi, mais il est aussi la source de ce qu'il y a de plus douloureux. Dans ma vie personnelle déjà, j'ai toujours détesté faire de la peine aux autres, les mettre dans une situation où ils se sentaient blessés, démunis. Pourtant, une rupture, c'est systématiquement cela car c'est un arrêt, plus ou moins brutal, qui met fin à l'espoir de quelque chose pour celui qu'on quitte. Une rupture professionnelle joue exactement sur les mêmes ressorts émotionnels. On laisse quelqu'un qui se sent trahi, désaimé, triste, en colère, meurtri, perdu. Alors, pour moi qui ai souvent reculé et manqué de courage devant les ruptures dans ma vie personnelle, j'ai très mal vécu de devoir mettre fin à certaines collaborations professionnelles. Pourtant, j'ai dû le faire. Oui, il m'est arrivé de devoir licencier des gens. Parce que leur travail ou leur attitude, ou un mélange des deux, rendait la suite impossible. Parfois, c'était une évidence et il pouvait y avoir un consensus fort autour de la décision dans l'équipe. Parfois, ce n'était pas le cas, et il a alors fallu gérer en plus les répercussions sur les autres membres de l'équipe.

La première fois que j'ai dû mettre un terme à une collaboration, cela s'est donc fait dans une immense douleur. J'avais le sentiment d'être dépassée par la tâche et de me trahir aussi. Je n'imaginais pas pouvoir continuer avec une personne en moins dans mon équipe, mais il était pourtant nécessaire que la collaboration s'arrête. J'ai pleuré pendant des semaines avant d'accepter l'inéluctable. Je l'ai fait non sans peine. La violence de la réaction de la personne en face de moi m'a rapidement fait oublier ma propre douleur. Ce collaborateur était très clairement blessé par ce que je venais de lui annoncer, ce qui le rendait aussi violent et menaçant. Mes propres émotions devaient passer au second plan. Mon seul rôle était de garder le cap, toujours garder le cap. Je m'autorisais mes cinq minutes de drame personnel car les émotions fusaient et je passais en mode « résolution ».

J'ai beaucoup appris à mettre mes émotions de côté dans ces moments ; non pas pour déshumaniser le processus et le rendre plus acceptable, mais parce que mes émotions pourraient m'empêcher de prendre les bonnes décisions et qu'elles embarrassent l'autre et prennent de la place égoïstement – ce n'est pas à moi d'être triste ou en colère mais à l'autre. Comme dans une rupture amoureuse, l'autre ne doit pas voir que c'est difficile pour moi aussi, que la décision me peine. Au fond, cette décision doit être prise. Laisser mes émotions transparaître, ou pire, m'envahir, ne sert à rien, ni à personne. Il faut assumer que l'on soit en train de faire quelque chose qui puisse faire souffrir quelqu'un, qui déçoive, qui ébranle, mais qu'aussi tragique que cela soit, c'est préférable pour tout le monde, pour l'autre, pour soi, pour la boîte. Personne ne gagne à rester malheureux dans son travail, à ne pas s'y épanouir, à s'y sentir mal, même si l'on connaît évidemment l'importance d'avoir un revenu. Je maintiens qu'il existe de nombreux métiers et de nombreuses boîtes, et que tous ne sont pas faits pour tous les profils. Parfois forcer les choses est un remède pire que le mal.

Avec les années, j'ai développé ma manière de gérer ces situations. C'est un peu comme si je sortais de moi-même même. Je laisse mes émotions personnelles à la porte, et Carole, la fondatrice de JOONE, se met en mode « travail ». Carole, la femme, la maman, pleure, a de la peine. Mais la fondatrice de JOONE doit rester solide et forte et délivrer les messages avec calme, justesse, mais aussi bienveillance et empathie. Une fois que tout le monde est sorti de la pièce, c'est Carole, la femme et la mère, qui se met à pleurer dans un coin pour extérioriser sa douleur devant la situation. C'est un système imparfait, mais je n'ai rien trouvé de mieux pour mener à bien ces décisions qui sont malheureusement parfois nécessaires tout en gérant ma sensibilité personnelle.

Cela m'arrive souvent de me dire que Carole, la fondatrice de JOONE, prend des décisions que Carole, la femme, serait incapable de prendre dans sa vie personnelle. C'est sans doute vrai. Mais la fondatrice de JOONE a une mission qui est de protéger et de garantir l'avenir de sa société et du reste de ses équipes, un peu comme un enfant qu'elle se doit de protéger. Carole, la femme, n'a pas toujours cette force et cette rigueur.

La confiance en soi

Je dis fréquemment à mes investisseurs ou en interview qu'un jour peut-être, je ne serai plus la bonne CEO pour JOONE. Ce n'est pas une annonce et ce ne serait pas une défaite. C'est une réalité. J'aimerais que JOONE puisse prendre 3 % du marché du « *family care* »* au niveau mondial. J'ai su créer la boîte, lui faire gagner 3 % du marché français, lancer l'internationalisation, diriger 50 salariés, lever plusieurs fois des fonds, œuvrer pour faire baisser la TVA à 5 % sur certains produits essentiels (sans succès à ce jour). J'ignore si je saurai mener à bien toutes les étapes pour emmener JOONE là où je souhaite qu'elle aille. Je me dois d'être réaliste et de me remettre systématiquement en question afin de m'assurer que je suis bien la bonne personne pour la prochaine étape.

Certains entrepreneurs sont très bons sur la partie créative du début. C'est un moment très grisant où le sens de la débrouillardise, la passion, la volonté de créer sont des qualités très utiles. Nous avons vécu comme ça pendant un an, à huit dans 40 m², à se parler en se regardant, à ne jamais faire de réunions ni même utiliser de salles de réunion, à décider, en petit comité, en dix secondes sur un coin de table, d'un prix, ou d'une stratégie.

La partie structuration, management d'équipe grandissante, réglementations, process, administratif est hyper intéressante, mais beaucoup moins facile à appréhender car elle demande une grande somme de connaissances sur des sujets vraiment très différents (et pour certains un peu chiants, il faut le reconnaître).

La partie internationalisation demande de beaucoup voyager, de s'adapter énormément aux différents environnements, de faire des concessions parfois complexes. Et là non plus, tout le monde ne sera pas à l'aise avec le fait de devoir être aussi flexible et sur la façon de gérer ces exigences dans sa vie professionnelle et personnelle.

Chacune de ces étapes nécessite son lot de compétences qu'il faut soit acquérir soit pour lesquelles il faut recruter. Pour l'instant, je suis convaincue que je suis encore la meilleure CEO pour JOONE : je conserve un esprit visionnaire pour imaginer où il faut pousser la marque et le marketing ; je comprends tous nos chiffres, je sais structurer les différents maillages, manager les équipes qui composent notre structure, j'arrive à voyager un peu pour accompagner nos équipes internationales et je parviens à assurer la partie communication et relations presse. Les journées sont très denses, mais je gère car je suis confiante sur mes compétences et que je travaille pour les maintenir à niveau. C'est là, uniquement, que réside la source de ma confiance pour assurer ce rôle.

La confiance n'est pas un état de fait pour moi. C'est plutôt la somme de tout un tas de choses acquises. J'ai confiance en mes compétences. J'ai confiance en ma capacité à absorber les informations et à les transformer en quelque chose de mieux. J'ai confiance en ma lecture et mon analyse des situations. J'ai confiance en ma capacité à parler en direct à la télévision ou devant des milliers de gens. J'ai confiance en ma capacité d'adaptation en fonction des situations. J'ai confiance dans la somme de mes compétences pour mener à bien ma mission et j'ai confiance en ma capacité à aller chercher les connaissances qui me font défaut et qui pourraient impacter ma confiance. À aucun moment, je n'ai vraiment confiance en moi, mais j'ai toujours confiance en mes compétences.

J'ai subi en classe de sixième une agression à la sortie de mon collège qui m'a profondément marquée. Ceux qui ont lu *Une Ombre Chacun* se sont certainement doutés qu'il y avait une part de moi dans l'épisode douloureux d'ouverture du livre et c'est vrai. Cet épisode n'est pas non plus un secret pour ceux qui étaient avec moi à l'école : le principal du collège a réuni l'intégralité des six cents élèves dès le lendemain pour les prévenir et les inciter à ne pas quitter seuls de l'établissement et à rentrer chez eux à deux.

Sans entrer dans des détails obscurs, je ne peux que me réjouir que les services de police soient désormais formés à recueillir la parole des enfants victimes.

Ce que j'ai vécu fut d'une triple violence : celle de l'acte en tant que tel, qui a éteint durablement la lumière dans ma vie ; celle du désintérêt total de la police qui, en 1996, propose à ma mère de déposer une main courante avec cette phrase qui m'a hantée pendant des années : « Ben, elle s'en est sortie vivante votre fille. De toute façon, on ne sait pas qui c'est, alors ça ne sert à rien de porter plainte, au pire, faites une main courante » ; et celle des conséquences sur l'environnement et sur les autres qui ne savent plus comment agir, comment aider, et qui assistent, spectateurs impuissants, à la souffrance de leur proche. Si j'avais été honnête, j'aurais commencé ce paragraphe en disant : « En classe de 6e, j'ai subi un viol à la sortie de mon collège ». Mais il y a, je crois, encore trop de violence dans cette phrase et trop de souffrance dans tout ce qui s'est passé après pour que je puisse le dire ainsi.

Cet épisode marque la fin de la longue période d'innocence qu'avait été mon enfance plutôt heureuse. Il a généré des traumatismes immenses. Il a détruit l'intégralité de la confiance que je pouvais avoir en moi et en les autres. Ce genre d'événement dans une vie crée des paliers, des trous, des aspérités, que rien, ni le temps, ni la thérapie, ne peuvent effacer : il faut apprendre à vivre avec et trouver des moyens de les surmonter, de peur qu'ils ne prennent le contrôle pour toujours. J'ai mis une quinzaine d'années à comprendre que le meilleur moyen d'avancer, de transcender des douleurs aussi profondes, était d'aller de l'avant en marche forcée, de faire de la souffrance une force qui pousse à aller toujours plus loin, et que le meilleur remède contre les ténèbres était de voir la lumière partout où elle était.

Dire « je n'ai jamais eu très confiance en moi » est un peu cliché. Je pense que personne ne naît avec une confiance en soi illimitée, pas plus qu'avec une confiance en soi profondément altérée. Pour être désormais maman, je constate à quel point la sécurité affective et émotionnelle joue un rôle essentiel dans la construction des enfants et dans leur confiance en eux. J'ai grandi aimée et entourée et je n'ai pas souvenir d'avoir été brimée par mes parents. On m'a souvent répété que je pouvais faire plein de choses dans la vie, on m'a laissée essayer plein de sports différents, on m'a encouragée quand j'échouais. Je pense que ce terreau familial a été extrêmement utile. Les traumatismes que j'ai subis ont lourdement et longuement impacté tout ce capital de confiance que l'on m'avait permis de construire dans ma famille. Mais au bout du compte, s'il y a une chose dont je suis certaine, c'est que je suis la somme de toutes ces choses, magnifiques et atroces, que j'ai pu vivre. Si je devais changer quelque chose, je pense que je ne changerais rien. Ce sont peut-être mes traumatismes qui m'ont donné le courage d'avancer... C'est peut-être aussi ma foi en Dieu ou le hasard ou les opportunités, ou un mélange de tout cela. Il est certain que je me suis beaucoup construite dans l'adversité et je pense que c'est en apprenant à lutter que se forgent les caractères les plus forts. Pour toutes ces raisons, je ne dirais pas que j'ai confiance en moi, mais que j'ai confiance en mes compétences et en ma capacité à surmonter les étapes et à essayer de faire toujours mieux.

L'ART DE COMMUNIQUER

On associe fréquemment prise de parole en public et confiance en soi. On suppose que tous les gens qui décident d'avoir une existence publique ont envie ou besoin de reconnaissance et qu'ils doivent avoir sacrément confiance en eux pour oser se révéler ainsi. C'est en partie vrai. On ne peut pas être un personnage public sans être capable de transcender les peurs liées au fait de prendre la parole devant les gens. Mais c'est aussi fréquemment faux.

J'ai grandi en tant qu'artiste, autrice et comédienne, avant l'avènement d'Instagram et de tous ces réseaux sociaux de l'immédiateté qui ont permis l'avènement et la starification de certaines personnalités publiques. À l'époque, tous les auteurs et les comédiens avaient un compte Facebook qui leur permettait de créer des groupes ou des événements pour mettre en avant leurs représentations ou publications et d'avoir des contacts (limités à cinq mille) qui suivaient leurs actualités.

C'était bien différent du monde d'Instagram ou de TikTok, de ces plateformes qui ont donné naissance à la viralité et offert la possibilité à des artistes et à des créateurs de contenu de vivre de leur activité voire, même d'accéder à la postérité.

J'ignore si j'aurais eu une meilleure carrière grâce aux réseaux sociaux mais je suis assez heureuse d'avoir connu ces industries à l'époque où les réseaux étaient moins importants. J'aurais sûrement ressenti une très grande pression à l'idée de voir mes déboires d'autrice et de comédienne exposés sur les réseaux sociaux !

Lorsque j'ai lancé JOONE, j'utilisais mes réseaux sociaux principalement pour faire la communication autour de mon roman, sorti en 2017 en même temps que JOONE. Je ne me sentais pas du tout légitime pour communiquer en tant que cheffe d'entreprise. J'avais tout juste réussi à installer ma boîte, cela ne méritait pas qu'on s'y attarde, et la personnalité publique était alors Carole Llewellyn, l'autrice, pas Carole Juge, la prof devenue entrepreneure. Nous ne faisions donc aucune communication et c'est tout juste si nous répondions aux sollicitations extérieures.

J'avais appris avec MommyVille qu'il était complètement idiot de communiquer trop tôt sur un produit tant que celui-ci n'était pas sorti ou n'avait pas fait ses preuves. Par conséquent, j'ai très peu communiqué à titre personnel lors du lancement de JOONE.

Apprendre le fonctionnement des médias

C'est en 2018 que tout change lorsque je rencontre Anne Méaux, l'inspirante patronne d'Image 7. C'est une femme avec un parcours absolument incroyable dont la franchise et la transparence résonnent en moi. Nous nous rencontrons au moment de ma toute première levée de fonds avec Alven et, fait rare car nous sommes tous petits, Anne décide de signer JOONE au sein de sa prestigieuse agence. C'est un moment clé dans l'histoire de la communication de JOONE car c'est en partie Anne qui va m'aider à accepter à ce moment-là le rôle qui est désormais le mien sans que j'en aie particulièrement conscience. J'arrivais avec l'envie de monter une seconde boîte, sans compromis, pour me prouver à moi-même que je n'étais pas une bonne à rien, et voilà qu'Anne m'explique que je représente la nouvelle génération des femmes entrepreneures, des patronnes de demain. En l'entendant, je me sens si petite et si peu à ma place. J'ai encore tout à accomplir ! J'ai face à moi un géant qui détient plus de 50 % du marché mondial des couches et qui a eu l'intelligence de créer non seulement un produit, mais aussi une marque connue à travers le monde. J'imagine mal me faire une place, mais surtout avoir une quelconque légitimité à le faire.

Anne et ses équipes, Roxane et Isabelle, me prennent sous leurs ailes et m'apprennent l'art de la communication. Nous décidons ensemble d'unifier les deux noms de famille : je deviens alors Carole Juge-Llewellyn, mettant donc un terme à ces deux carrières distinctes dans lesquelles l'anonymat de l'une était protégé par le nom de scène de l'autre. Désormais, il fallait assumer l'intégralité de mon passé, l'incohérence de mon parcours. Désormais, tout le monde allait savoir que Carole, la prof, était aussi Carole, la comédienne, et Carole, l'autrice de ce livre un peu sombre. Cela fait sens, évidemment, compte tenu des valeurs de transparence qui sont la clé de voûte de JOONE.

Je ne pouvais pas défendre un produit, des produits, des valeurs aussi fortes et en même temps me cacher derrière un pseudonyme.

Ce que j'ai également gardé de mon passé de comédienne dans la communication, c'est l'armure : je fais systématiquement appel à une coiffeuse et une maquilleuse lorsque je dois faire une interview télévisée ou un événement où je serai photographiée, en gros lors de toutes mes représentations publiques. Ce n'est pas par coquetterie, c'est une manière pour moi d'enfiler mon costume de CEO, comme celui que j'enfilais avant de monter sur scène au théâtre, et d'aller assurer cette partie de mon travail qu'est la représentation publique. Je mets des habits qui ne sont pas ceux de tous les jours, de jolies robes, des ensembles, qui sont désormais souvent prêtés par ces belles marques françaises que j'aime beaucoup, Sézane, Ba&sh ou Balzac. C'est une manière de dissocier ces temps de représentation publique du reste de mon quotidien qui est très opérationnel.

J'ai plusieurs fois dans ma vie entendu des remarques désobligeantes parce que je faisais beaucoup de communication et de presse. On laissait entendre que je devais certainement être peu présente pour mes équipes. Cela me gonfle d'entendre ça. C'est cliché d'imaginer que la fondatrice de JOONE passe son temps à « faire de la com' » pendant que d'autres personnes plus qualifiées gèrent la boîte à sa place. Cela me gonfle d'autant plus que je ne suis pas sûre qu'on ferait ce genre de remarques à un mec ou qu'on supposerait qu'il ne bosse pas car il fait un peu de télé de temps à autre. Il est tout à fait possible de faire les deux. C'est notamment ce que j'ai appris à faire grâce à Image 7.

Nous mettons en place une stratégie de communication autour de JOONE et de ses valeurs de transparence. J'apprends ce qu'est une stratégie de communication, des éléments de langage, afin de pouvoir tenir un discours cohérent à chaque journaliste que je rencontre et dans toutes les circonstances. Il existe aujourd'hui une grande méfiance du public envers les journalistes que je ne comprends pas. En six ans, je n'ai jamais demandé à corriger un seul papier au prétexte qu'il ne me mettait pas en valeur, même s'il disait des choses fausses, car ce n'est tout simplement pas possible ! Les journalistes sont des gens intègres qui ne dépendent de personne et ce n'est pas parce qu'ils ont parlé en bien de vous une fois qu'ils le referont forcément ou qu'ils vous « protégeront » par la suite. Ce sont aussi des gens cultivés, avec une très bonne capacité d'analyse et de synthèse, une expertise assez poussée et une vision très panoramique des choses. C'est notamment leur job de savoir faire le tri entre ce que les gens (politiques, marques ou autres) veulent mettre en avant (c'est aussi leur job à eux) et ce qu'ils estiment être utile de diffuser pour que le public ait une vision des choses qui soit la plus objective possible. Ils ont une approche très professionnelle et prennent vraiment à cœur leur mission d'information.

J'avoue être très attristée du vent de méfiance actuel envers les médias et les journalistes qui est clairement née des réseaux sociaux, où l'on peut vraiment trouver tout et n'importe quoi. Un journaliste a été formé, il a *de facto* un esprit critique très poussé et si certains ont en effet des prises de position fortes, il n'en demeure pas moins qu'ils gardent la plupart du temps une hauteur de vue qu'on trouve rarement ailleurs. Dans un monde où les réseaux sociaux nous poussent à suivre des gens qui sont d'accord avec nous et qui nous correspondent, où nous sommes de moins en moins exposés à l'esprit de contradiction et à des choses avec lesquelles nous pourrions ne pas être d'accord, je trouve leur travail plus indispensable que jamais.

Depuis la création de JOONE, je n'ai croisé que rarement des gens malveillants dans le milieu des médias. La plupart d'entre eux sont sympathiques et d'une très grande franchise, ce qui découle très naturellement de leur position de commentateurs de l'actualité. Néanmoins, mon rôle en tant que cheffe d'entreprise s'inscrit en parallèle de leur mission. Mon médiatraining m'a appris ceci : le journaliste est un professionnel des médias qui a notamment « besoin » de moi pour accéder à des informations qui lui sont utiles. De mon côté, je suis une professionnelle de l'entreprise et je peux choisir les informations que je souhaite lui communiquer. C'est tout l'art du médiatraining.

Le médiatraining

J'avais très envie de vous parler du médiatraining car j'ai longtemps cru que savoir communiquer dans les médias était un talent inné, qu'il fallait déjà posséder une puissante répartie et de grandes capacités oratoires et que rien ne pouvait rendre meilleur si on ne possédait pas ce talent. C'était tout à fait faux.

Le médiatraining consiste à vous rendre apte à répondre à n'importe quelle question dans n'importe quelle circonstance, en tenant compte de vos interlocuteurs et des répercussions de votre discours, tout en restant en cohérence avec vos messages et vos valeurs. Cela commence donc par le fait d'établir des éléments de langages clairs, c'est-à-dire les mots, les expressions, les messages que vous allez utiliser pour parler de votre marque, de votre entreprise ou de vous-même. Par exemple, chez JOONE, je parle systématiquement de transparence « *absolue* » car « radicale » a un côté un peu trop extrême, j'utilise le mot *engagé*, mais pas *militant*, qui est un peu trop politique, je parle de la « *communauté des parents* », mais pas de *clients*, car nous faisons bien plus avec les parents que de leur vendre des produits : nous coconstruisons les produits avec eux, nous allons à leur rencontre à travers la France, nous leur apportons du contenu de qualité pour qu'ils s'informent, etc. Je communique sur des chiffres que nous mettons à jour tous les ans ou tous les deux ans pour respecter le cycle de communication qui est parfois long : entre une interview et sa publication, il peut s'écouler trois mois (le délai de mise sous presse notamment des magazines papier). Je parle de mon parcours « *atypique* » qui résume mieux, sans jugement, les chemins divers étranges, bizarres, différents que j'ai pris ; mais je n'utilise pas ces adjectifs qui ne sont pas suffisamment précis ou peuvent être trop connotés. Nous avons mis nos valeurs « noir sur blanc », en choisissant les bons mots que je réemploie ensuite dans ma communication. Tous ces éléments de discours se diffusent à tous les niveaux : en externe bien sûr, au travers des médias, mais aussi en interne. C'est la force d'une communication intelligente et cohérente : elle ne s'impose pas par la force mais s'installe naturellement comme une bonne habitude.

Je conseillerai à quiconque qui monte sa boîte de constituer ses éléments de langage afin d'unifier le discours autour de son activité, que ce soit pour les supports internes ou externes. C'est quelque chose de très utile et qui permet de garder un cap stratégique clair.

Une fois qu'ils sont arrêtés, une partie du médiatraining consiste à tester la solidité des éléments de langage, à les mettre à l'épreuve, c'est-à-dire à les utiliser en situation d'interview, même la pire. Évidemment, pour m'entraîner le plus possible et éviter que je me plante, on m'a fait faire à l'époque de fausses interviews avec des consultants d'Image 7 spécialisés dans le médiatraining. Il faut apprendre à répondre avec des phrases courtes et simples, qui reprennent les éléments de langage définis pour formuler un message clair et précis, sans jamais faire d'accroche, sans faire semblant, sans perdre son naturel. C'est un véritable exercice de style que je conseille à chacun de tester. Les répétitions au théâtre m'avaient déjà pas mal appris. C'est en répétition que l'on pose sa voix, que l'on trouve les bonnes intentions et intonations, les bons gestes, qui ne sont ni trop ni trop peu. Le fait de répéter et de se préparer en avance à différents types d'interview est très formateur et, encore une fois, je le conseille vivement. On peut répéter une interview avec une journaliste mais aussi pour un entretien d'embauche, un rendez-vous avec une banque ou avec des investisseurs. Il faut juste une personne pour vous aider qui prépare les questions avec vous et, pour vous déstabiliser, ajoute quelques questions de son cru. J'ai également réalisé un médiatraining dit « de crise », c'est-à-dire que l'on est face à une prise de parole difficile. Votre entreprise ou vous êtes dans une situation très complexe, en terrain très hostile. Le journaliste peut alors être très piquant et vous poser des questions gênantes voire très difficiles de façon agressive. C'est un exercice super dur qui demande de garder son sang-froid et de systématiquement mesurer ses propos pour ne pas faire dévier l'interview.

Depuis le lancement de JOONE, je n'ai rencontré que deux journalistes très durs mais au bout du compte, les articles qu'ils ont écrits étaient tout à fait corrects. Certains aiment bien poser quelques questions difficiles, pour creuser, ce qui est légitime. L'une des choses un peu fastidieuses en revanche avec la communication, c'est le fait de devoir répéter souvent les mêmes choses. Ce sont fréquemment les mêmes sujets qui intéressent les gens. C'est aussi pour ça que je prends beaucoup de plaisir à participer au Grand Debrief de BFM Business TV tous les mercredis matin. Cela me permet de parler de tout un tas de sujets différents et c'est très agréable.

J'ai en revanche refusé de participer à *Qui veut être mon associé ?* en 2021 car déjà, je n'avais absolument pas les fonds nécessaires pour entrer au capital des boîtes présentées et qu'en plus, j'appréhendais la réaction du public face à une jeune femme entrepreneure (et enceinte à l'époque) allant à la télé pour investir de l'argent. J'aurais pu volontiers y être mentor – je l'ai d'ailleurs fait l'année suivante avec le programme « She's Mercedes » et je le fais via SISTA – mais prendre la parole publiquement sur des sujets d'argent me mettait mal à l'aise. Parfois, il faut reconnaître ses limites et savoir avec quoi on n'est pas confortable.

La puissance des réseaux sociaux

Nous avons lancé JOONE dans un contexte un peu différent de celui d'aujourd'hui. En 2017, de nombreuses marques débutaient sur Instagram, les créatrices de contenu étaient plus rares et nous avions un boulevard pour établir la marque. Mon souhait était hyper simple : créer de la désirabilité, apporter de la joie, du kif, autour d'un produit qui historiquement en manquait.

Les produits pour bébé étaient vendus quasiment tous de la même manière : en jouant sur le côté purement émotionnel (« aime ton bébé, achète ce produit ») ou par le vecteur de la peur (« si tu veux être un bon parent, tu devrais faire ça » sous-entendant que tu en serais un mauvais si tu ne le faisais pas).

Beaucoup de marques jouaient aussi sur l'aspect médical avec des tons de blanc, de vert, des éléments tout sauf glamour, pour essayer (parfois en exagérant) de rassurer sur la qualité (parfois médiocre) des produits.

En se lançant avec le double positionnement de « kif », d'ultratransparence et d'ultrakif, j'ai voulu tordre le nez aux idées reçues qui disaient que les marques sérieuses devaient aussi être sérieuses dans leur marketing (traduisez « ennuyeuses ») et que les marques plus « légères » étaient les seules à avoir le droit de s'amuser et d'amuser. C'était bien vu car en quelques années, de nombreuses autres marques se sont engagées dans des dynamiques commerciales modernes, avec des emballages, des positionnements, des égéries de nouvelle génération, parfois même très « street ». On remplaçait Vanessa Paradis par Jennie de Blackpink chez Chanel, on mettait Pharell Williams à la tête de la création de Vuitton. Autant de signaux forts de la modernisation des marques. J'ai lancé JOONE avec cette même perspective, celle de vouloir faire des choses très qualitatives mais en restant très « fun », avec une marque très incarnée autour de ses valeurs et de son savoir-faire.

Nous avons rapidement réuni une grosse communauté sur Instagram et sur Facebook, en travaillant beaucoup avec les créatrices de contenu. Le retour sur investissement était excellent à l'époque, et les créatrices, plus rares, étaient toutes très investies auprès de la marque. Nous avions un avantage certain : on ne parle pas de couche comme on parle de rouge à lèvres ou d'une jupe. On peut changer de jupe et de marque de jupe trois fois par jour, mais on change moins souvent de marque de couche ou de marque de produits pour son bébé ! Totalement convaincues par la qualité de nos produits, par leur efficacité et par le côté très mode de nos imprimés, de nombreuses créatrices de contenu ont rapidement travaillé avec nous et nous sont encore très fidèles aujourd'hui. C'est une de nos plus belles réussites je crois : avoir réussi à fédérer une communauté autour de JOONE, avec des créatrices de contenu mais aussi des mamans de la communauté, et elles restent fidèles à nos produits et la marque !

Un autre avantage d'avoir grandi et de s'être rapidement fait connaître sur Instagram, c'est que cela porte très fort l'identité de la marque. Ce n'est plus un conseil que j'ai à donner aujourd'hui car, depuis 2017, tout le monde a bien compris qu'Instagram était un merveilleux outil pour établir une marque, créer de la notoriété. C'est beaucoup plus rapide et facile à créer qu'un « e-shop », c'est plus ludique. Cela permet de faire immensément plus de choses que de juste « parler » d'un produit.

C'est d'ailleurs ce qui a rendu Instagram si complexe à gérer aujourd'hui. Des marques de plus en plus nombreuses rivalisent pour avoir une place dans le « *feed* » des gens. Il y a aussi un enjeu autour des créatrices de contenu qui sont de plus en plus sollicitées et qui, pour certaines, augmentent le nombre de marques dont elles vont parler, rendant ainsi l'exposition de chacune plus faible.

Cette profusion de nouvelles marques est à la fois un bon signe (cela démontre une vraie envie d'entreprendre, ce qui est top), mais cela participe aussi à faire augmenter le coût d'acquisition pour tout le monde : naturellement, si l'on est dix à vouloir l'attention de la même personne plutôt que trois, les plateformes vont faire le tri, à la fois par la qualité du contenu proposé, mais aussi par la puissance financière proposée. Mais j'ai toujours vu la concurrence d'un très bon œil car cela signifie qu'il y a un marché. Si vous vous lancez dans un secteur où il n'y a aucune concurrence, comme, à quelques exceptions près, dans l'ultra-innovation (le Web 3, le quantique, par exemple), cela veut très souvent dire qu'il n'y a pas un marché « adressable » suffisant, autrement dit, c'est courir tout simplement le risque de ne pas avoir assez de clients !

Il existe une différence subtile entre un trou dans la raquette et une aiguille dans une meule de foin : le trou dans la raquette est le segment particulier d'un marché que l'on veut adresser et sur lequel il y a des consommateurs en attente et qui permet un ciblage pertinent pour aller fidéliser cette clientèle. L'aiguille dans la meule est une offre (un produit ou un service), perdue au milieu d'un environnement très, très vaste composé de tout un tas de consommateurs différents qui pourraient ne jamais rencontrer cette offre (qui pourrait éventuellement en intéresser certains), qui pourrait alors tout simplement finir par disparaître. Avoir des concurrents signifie qu'il existe un marché (la raquette) et vous permet de vous positionner clairement pour proposer une offre différente pour adresser une partie ignorée ou mal servie d'un segment de marché (le trou).

La concurrence est donc saine, mais elle n'en demeure pas moins féroce, surtout dans notre industrie. Paradoxalement, même si la plupart des gens imaginent que les grands groupes sont les plus durs, dans mon industrie, c'est très loin d'être le cas. Les grandes entreprises ont des équipes qui évidemment regardent ce qui se passe ailleurs, mais qui sont aussi fortes de proposition. Pour elles, copier une jeune marque n'est pas une stratégie, mais serait plutôt un aveu d'échec… Je n'ai jamais eu la moindre interaction désagréable avec les géants de mon industrie, celle de l'hygiène ou du « *personal care* ». J'ai même plutôt reçu de beaux compliments sur ma marque et ce que nous avions construit.

C'est un peu différent avec les nouveaux entrants… Je n'ai jamais compris quels étaient les ressorts qui poussaient certains à créer de pâles copies d'un modèle sans y apporter la moindre différence, si ce n'est l'appât du gain. C'est pour moi une bien mince raison pour se lancer dans l'entrepreneuriat. Car il faut le rappeler : la très grande majorité des start-up finira au tapis par manque de fonds, et en fonction des statistiques, on peut même monter jusqu'à 90 % ! Ce n'est pas le cas des PME, qui peuvent plus facilement être cédées ou transmises car elles ont un rapport au « cash » plus sain (et des croissances plus modérées). Mais je pense que dans le monde des indépendants, il existe de nombreuses situations où l'on voit une agence ou un freelance concurrent copier, ce qui est parfois très déstabilisant. Je répète très souvent aux équipes de JOONE ce que j'ai appris de Morgane Sézalory, la fondatrice de la sublime marque Sézane : être copié, c'est le début du succès. Cela veut dire que ce que l'on fait est suffisamment chouette et impactant pour mériter d'être reproduit.

En six ans de JOONE, une très grande partie de notre marketing a été lourdement copiée par certains de nos concurrents. Chacun est devenu pionnier de la transparence alors que c'est une « *tagline* »* que nous avons lancée en 2017. Chacun se met à faire des imprimés alors que c'est une tendance que nous avons lancée et ce, dès notre première collection. Nombreux sont ceux qui reprennent nos terminologies, nos propositions, nos verbatims, nos designs... J'ai même un concurrent qui m'a appelée pour me proposer de partager entre nous les « *claims* marketing »* du produit et à qui j'ai dû faire un cours sur l'illégalité de l'entente entre concurrents (et bien sûr, j'ai dit non, au passage). Je pourrais enchaîner les exemples mais je ne peux que conseiller de se rappeler les mots de Morgane. Il faut se réjouir d'être celui qui est copié. Cela vaut toujours mieux que de devoir être celui qui copie. Le monde du business offre suffisamment d'opportunités pour ne pas en être réduit à copier les autres.

Parler de son aventure pour les autres

Ces dernières années, un très grand nombre de podcasts sont sortis. C'est une très belle tendance médiatique, très porteuse. Le format du podcast permet plus d'authenticité et d'intimité. Comme il est aussi plus dense et plus long qu'une interview classique, on a plus de temps pour expliquer les choses, ce qui laisse moins de place aux interprétations que les entretiens écrits. Le podcast permet donc une plus grande liberté de parole (on peut parler soi-même, ça dure longtemps), mais ancre aussi les dérapages. À l'ère des réseaux sociaux, le tribunal médiatique est parfois plus puissant que celui de la Justice, le podcast est clairement un exercice que je ne conseille qu'à ceux qui sont un peu aguerris, afin de ne pas se laisser pas trop entraîner par la conversation et d'éviter de dire trop d'âneries.

On se rappelle tous cette fondatrice de start-up qui avait tenu des propos assez désobligeants à l'égard des stagiaires et du rythme de travail de ses salariés, et qui s'était ensuite fait harceler sur Twitter. Si rien n'excuse le harcèlement, sous aucune forme que ce soit ni sur aucune plateforme, il faut savoir que tout ce que l'on dit aura plus que jamais des conséquences… Il faut donc vivre avec son temps : certains propos qui auraient pu être, à tort, tolérables il y a quinze ans, ne le sont plus désormais. C'est aussi un des enjeux majeurs de la communication, et de l'entreprise aussi d'ailleurs : toujours être capable de se mettre à la place de l'autre, d'anticiper sa réaction, de comprendre son besoin, sans forcément savoir qui il est exactement. Car le business, c'est d'abord et avant tout une histoire de personnes.

BIEN S'ENTOURER, C'EST LE DÉBUT DU BONHEUR

J'adore la phrase d'ouverture du podcast de Matthieu Stefani, *Generation Do It Yourself* : « Nous sommes la moyenne des personnes que nous fréquentons. » Je trouve ça tellement vrai. Bien s'entourer, c'est créer autour de soi un écosystème personnel et professionnel vertueux de gens qui vous soutiennent, vous portent, pleurent de vos déceptions, rient de vos joies. Et même si cela paraît évident, c'est beaucoup plus complexe que ça n'en a l'air.

La famille

La famille, c'est ce qu'il y a de plus important, mais aussi de plus complexe car on ne la choisit pas et c'est souvent assez binaire : soit votre famille est un frein, soit elle est un moteur. Après, votre famille peut être un frein dans certains domaines, et un moteur dans d'autres. La mienne, par exemple, était un excellent moteur dans la confiance en soi et la sécurité affective car elle était très bienveillante, mais plutôt un frein pour ce qui était de se lancer dans l'entrepreneuriat (caractère très protecteur ; éloignée de ce milieu dont elle avait une image très dure ; attachement fort à la fonction publique qui donne sa chance à tous). Mon grand-père était le seul membre de notre famille à travailler dans le privé. Il avait racheté le laboratoire de prothèses dentaires où il avait fait son apprentissage, et il l'a fait grandir avec succès. Malheureusement, il est décédé lorsque j'avais vingt ans, bien avant que je ne m'intéresse de près ou de loin à l'entrepreneuriat. Je n'ai donc jamais pu profiter de ses conseils ou de ses connaissances.

Mon ami Anthony Bourbon raconte avec pudeur et clairvoyance comment sa famille assez dysfonctionnelle lui a permis, malgré la difficulté, d'acquérir une force surhumaine pour s'en sortir et pour aller toujours plus loin. Je suis assez d'accord : lorsqu'on naît avec beaucoup de facilités, un gros réseau, de l'argent familial avec lequel on peut se payer des études prestigieuses ou encore lancer une première activité, les choses sont certes plus faciles, mais elles sont aussi moins « incarnées ». Vous ne pouvez pas connaître ce sentiment de devoir tout défoncer pour réussir, de « forcer son destin », comme dit brillamment Anthony dans son livre dont cette expression est d'ailleurs le titre.

Mon thérapeute me rappelle souvent que les relations qui se sont forgées dans l'adversité sont les plus solides, justement car elles nous ont permis de nous battre pour obtenir quelque chose en quoi on croit vraiment. Je suis très alignée avec ces propos. En me battant contre mes traumatismes, contre mon propre jugement limitant, contre ce que les autres ne me pensaient pas capable de faire, je me suis surprise moi-même. J'ai trouvé en moi une force que personne, même pas moi, ne me pensait capable de détenir.

Il faut savoir faire de sa famille une force. Si vous avez la chance d'avoir une famille aimante et bienveillante, servez-vous de la puissance de leur affection comme d'une source de sécurité émotionnelle qui va vous donner confiance et vous permettre de prendre des risques dans votre vie. Si comme Anthony c'est moins le cas, utilisez cette rage pour, justement, forcer votre destin. Si comme moi, vous avez une famille bienveillante, mais très peu à l'aise face à la prise de risque, qui ne comprend et imagine mal l'idée de créer un business, prenez le temps de les accompagner dans le processus. Discuter permet souvent de bien comprendre les choses. Expliquer leur simplement les rouages qui peuvent parfois paraître très obscurs. J'ai raconté à ma mère et à ma grand-mère paternelle ce qu'était une levée de fonds, alors que nous prenions le goûter dans un salon de thé à Vichy, en expliquant le principe du gâteau coupé en plusieurs parts grâce à la tarte aux myrtilles de ma grand-mère. J'essaie de vulgariser au maximum ce que je fais dans mon quotidien pour que cela soit compréhensible par des gens qui ne sont pas du tout dans mon industrie. J'évite aussi le jargon parfois très abscons du monde des start-up. J'essaie au maximum d'expliquer avec simplicité, et surtout sans prétention, ce que je fais.

Et si vous avez la chance d'avoir une famille bienveillante et qui a les moyens de vous soutenir financièrement, vous avez deux options. Celle de la facilité, tout à fait louable, de prendre l'argent là où il est (c'est un peu comme une levée de fonds au final, et c'est aussi pour ça qu'on appelle ça le « *love money* ») ou vous pouvez ay renoncer, pas pour « faire genre, » mais pour savoir que vous ne devrez rien à personne et que ni votre père ni votre grand-mère ne pourront vous dire un jour : « *C'est grâce à moi que tu en es là.* » Car même si, en réalité, ce sera totalement faux (ce n'est pas une somme d'argent en soi qui garantit ce que vous allez en faire ni le succès que vous allez remporter), cela pourra, à vos yeux, entacher une part de votre succès.

Quoi qu'il en soit, votre famille doit être ou devenir une force : soit par la négative, c'est une force qui vous permet de vous élever, soit par la positive, c'est une force qui vous rend solide émotionnellement, psychologiquement et/ou matériellement. Et avec votre famille, pensez à rester humble dans vos interactions et essayer au maximum d'expliquer.

Ma famille est dispatchée entre l'Auvergne, où vivent ma mère, ma grand-mère, mon père, mon oncle, et la Bretagne où vivent ma sœur et mes nièces. J'essaie d'aller les voir plusieurs fois par an, ce qui n'est pas toujours simple, mais avec de l'anticipation, on y arrive très bien. Ce n'est pas forcément moins simple depuis que j'ai mon fils, car j'ai pris l'habitude de voyager avec lui. C'est juste un degré supplémentaire d'organisation.

J'ai besoin d'aller les voir pour me ressourcer, pour me sentir bien et pour retrouver un peu de normalité. La vie à Paris passe à mille à l'heure, je suis toujours attendue quelque part pour faire quelque chose, je bosse tout le temps, je prends très peu de temps pour moi. Les parenthèses en Auvergne ou en Bretagne sont une remise à niveau du rythme. J'y retrouve la beauté des grasses matinées, je profite de ne rien faire l'après-midi, je flâne sur la plage ou le long du plan d'eau de Vichy. Cela fait du bien de retrouver, l'espace d'un week-end un rythme humain, loin de la foule déchaînée, comme dirait Thomas Hardy.

Les amis

Mon cercle d'amis n'a pas vraiment changé depuis que je suis devenue entrepreneure, il s'est juste un peu élargi. Je fréquente toujours mes amis d'enfance (Martin, Olivier, Thibault, François-Xavier, Florence), mes amis des États-Unis (Christy, Kirsten, Julie, John) et j'ai depuis vingt ans les mêmes amis proches qui n'ont rien à voir avec mon métier. Je sais que parfois mon mode de vie leur semble un peu fou, parfois déconnecté de la réalité, qu'ils me répètent sans cesse que je travaille trop, mais ils sont, malgré les années, un point de repère que j'adore. Nous ne manquons jamais de sujets de discussion, nous faisons toujours un peu les mêmes choses depuis trente ans quand nous nous voyons, et toujours avec autant de plaisir.

Je n'ai pas une liste très longue d'amis proches pour une raison simple : j'ai appris à sortir de ma vie les gens toxiques ou qui m'apportaient plus de contrariété que de joie. J'ai mis longtemps à trouver le courage de le faire car je n'avais déjà pas beaucoup d'amis du fait de mon parcours : la fac est un endroit où il y a beaucoup de monde mais où peu de gens se réunissent. En France, j'ai donc gardé très peu d'amis de mes années de fac. J'ai principalement gardé des amis rencontrés dans mes activités sportives ou via d'autres amis. Avec un contingent d'amis plutôt faible, pas toujours facile donc d'acter une rupture amicale et de sortir de sa vie les gens, même s'ils sont toxiques. C'est pourtant totalement salvateur.

La toxicité de l'entourage est une des choses les plus nuisibles au quotidien. Déjà car c'est quelque chose que les autres nous imposent, mais aussi car c'est quelque chose que l'on se laisse imposer en n'osant rien dire. C'est d'ailleurs pour ça que lorsque la toxicité vient de sa propre famille, elle est encore plus difficile à gérer. Il est beaucoup plus douloureux et structurellement plus difficile de couper les ponts avec sa famille.

Avec le temps, j'ai appris à rayer de ma vie les gens qui souhaitaient que je sois leur amie, mais pour qui la réciproque n'était pas vraie. L'amitié n'est pas un dû, c'est un cadeau. Offrir sa confiance, son temps, son intérêt à quelqu'un se mérite et il faut que cela soit partagé.

J'ai mis en place un système personnel assez infaillible pour faire le tri dans mes amitiés : si pendant trois, six mois, un an, les invitations, les appels, les SMS de prise de nouvelles, les propositions de dîners, les attentions viennent systématiquement de moi et que les autres sont uniquement dans l'optique de les recevoir, j'arrête tout simplement et je vois combien de temps se passe avant que l'autre ne réagisse. Si la réaction est rapide, cela permet d'engager la conversation pour comprendre les raisons et de faire prendre conscience à l'autre qu'il manque d'attentions à mon égard.

Si la réaction est très lente et met des mois à arriver, alors quand l'autre revient, je ne vais pas rebondir ni entrer dans la discussion car à mon sens la relation n'a plus vraiment d'importance et ne mérite pas forcément d'efforts pour la sauver. Débattre n'apporte pas toujours quelque chose, parfois il faut se mettre d'accord sur le fait qu'on ne sera justement jamais d'accord, le fameux « *agree to disagree* » que j'aime beaucoup. S'il est important de se confronter à un débat d'idées et de parler des problèmes, il est indispensable d'accepter qu'on ne pourra pas toujours être d'accord sur tout. Avoir le dernier mot ne sert absolument à rien, à part à se donner l'illusion de dominer et flatter son ego. De la même manière, on ne peut pas s'entendre avec tout le monde ni être apprécié par l'intégralité de tous. Savoir tirer un trait sur une amitié inutile ou à sens unique est indispensable pour pouvoir avancer en restant entouré de gens bienveillants et positifs.

Je ne ferai évidemment pas ici la liste des gens qui, au fil des années, n'ont plus fait partie de mes amis, mais je peux expliquer comment certaines amitiés se sont délitées, notamment dans les différents métiers que j'ai eus : quand j'ai obtenu ma place dans l'atelier d'art dramatique de Niels Arestrup, une copine de théâtre m'en a voulu car j'avais pris « la place d'une vraie comédienne », c'est-à-dire d'une comédienne qui ne faisait que ce métier et depuis plus longtemps que moi. J'ai passé des mois à systématiquement reprogrammer des déjeuners qu'une amie annulait à la dernière minute, jusqu'au jour où j'ai osé répondre « non » quand elle m'a proposé un déjeuner, lui expliquant qu'elle en avait trop annulé et que je préférais qu'on prenne un peu de temps avant de se revoir. J'attends toujours son appel.

J'avais une très bonne amie qui me donnait systématiquement un retour négatif sur tout ce que je disais ou faisais et qui ramenait les conversations à elle en faisant parfois des rapprochements un peu bancals avec moi, mais aussi avec d'autres de nos amies. Après avoir essayé de lui en parler plusieurs fois, nous avons simplement arrêté de lui proposer de dîner avec nous et elle est naturellement sortie de notre groupe. J'avais un ami qui avait une attitude très passive-agressive avec moi, oscillant entre des moments de louanges très agréables et des épisodes très violents. J'ai fini par lui indiquer que je n'accepterais plus de le voir tant qu'il n'aurait pas changé de comportement. J'ai découvert qu'un ami avait une attitude assez agressive avec les femmes, ce qui était pour moi très gênant et très problématique. J'ai préféré le sortir de ma vie complètement et ne plus répondre à ses messages après lui avoir dit que je ne pouvais pas tolérer son attitude.

Les interactions toxiques sont au quotidien un poids tout à fait inutile à porter. Un ou une amie qui ne porte pas vraiment d'intérêt à ce que vous faites, ce que vous êtes, à vos joies, vos peines, n'est pas un ou une amie, mais une connaissance. Si vous réduisez les attentes que vous avez à l'égard de ces personnes, vous ne pouvez être qu'émotionnellement plus fort car vous vous enlevez de la déception, de la frustration, de la douleur qui, en plus, peuvent potentiellement se répéter. C'est un peu radical, mais je trouve que ça soulage beaucoup. Cela permet de réduire le cercle amical à des gens qui sont véritablement bienveillants, qui ne vous jugeront pas, mais vous parleront avec franchise pour vous permettre de grandir et d'évoluer. La positivité appelle la positivité, la bienveillance appelle la bienveillance. Chacun mérite d'avoir des amis qui soutiennent, qui écoutent, qui sont là dans les moments difficiles, surtout si on fait l'effort d'entretenir solidement cette amitié.

Les amis du travail

Avec le temps, j'ai développé des amitiés très fortes avec des gens rencontrés grâce à mon job. Il y a une excellente raison à ça : le métier d'entrepreneur est un métier particulièrement solitaire, pressurisant, et même si l'on a les reins solides, c'est un grand bonheur de pouvoir échanger avec d'autres. J'ai vécu une année 2022 assez compliquée, mais grâce à cela, j'ai réalisé la force du collectif amical qui m'entourait.

Sans surprise, ce sont les gens avec qui je passe le plus de temps aujourd'hui, car nos emplois du temps s'accordent bien. Nous sommes tous très occupés et nous avons donc tous les mêmes besoins. Le fait de pouvoir compter sur un petit réseau de CEO de start-up qui connaissent les mêmes sujets, vivent les mêmes choses, passent par les mêmes étapes, font comme moi des grands sacrifices pour de petites gloires pour reprendre les mots d'Orelsan, ont les mêmes problématiques que moi, est d'une grande aide.

Ce n'est pas une chose qui s'est faite comme ça : comme toutes les belles histoires, cela demande du temps et des preuves. Paradoxalement, pour quelqu'un de très pudique et de très solitaire, j'ai gardé cette capacité très américaine à rassembler les gens pour des tas d'occasions : j'aime célébrer les petites victoires du quotidien car même si elles sont petites, elles ont une grande importance. Quand j'étais à la pépinière le Village by CA, j'avais lancé le groupe Facebook réunissant les start-up du lieu pour qu'on puisse avoir comme une forme d'intranet où échanger sur les sujets très pratiques, mais aussi discuter des problématiques communes.

Idem avec le groupe de notre promotion de Startup Leadership. Pour moi, le groupe est une force vive qui permet de se sentir plus solide et d'aller plus loin. J'ai ramené des États-Unis une découverte que j'avais faite : le poker. J'aimais jouer pour le côté mathématique et ludique plus que pour l'enjeu financier. J'ai donc lancé un petit groupe de poker à la pépinière et nous jouions une fois par mois, un vendredi, dans une salle de réunion. C'est d'ailleurs pour ça que j'ai passé l'effroyable nuit du 13 novembre 2015 là-bas : ce soir-là, nous avons organisé notre partie mensuelle et lorsque les attentats ont débuté, le bâtiment a été sécurisé car il se situait dans un quartier d'affaires et proche de certaines ambassades sensibles. Nous avons suivi avec horreur, loin de nos proches, mais néanmoins ensemble, le déroulement de cette nuit à la télévision, et nous avons eu le droit de rentrer chez nous vers 5 h du matin.

J'ai conservé ce groupe à travers les années et sa vertu est très positive : nous jouons toujours la même somme d'argent (50 €) afin que la partie soit plus quelque chose de ludique qu'un moyen de gagner des sous. Nous nous réunissions vers 20 h dans un bureau, nous discutions autour d'un apéro et de pizzas. Chacun partage ce qu'il souhaite partager, des problèmes avec des investisseurs, des levées de fonds qui ne se font pas, une galère technique, un besoin de « pivot », mais aussi ses joies et ses peines, qu'elles soient pros ou perso. Au fil des années, nous avons connu des mariages, des naissances, des divorces, des ruptures, des ventes, des levées de fonds, des liquidations, des nouveaux projets, et nous avons toujours pu compter sur la force de ce petit groupe d'une cinquantaine de personnes bienveillantes.

Aujourd'hui, certains d'entre nous partent en vacances ensemble. Nous faisons des dîners, des brunchs, mais aussi beaucoup d'événements professionnels ensemble. Nous essayons toujours de faire profiter les autres membres du groupe d'une bonne opportunité, d'un bon « deal », d'une relation. Certains font même des investissements ensemble ! Certains organismes comme le Galion, dont je fais partie, nous permettent de nous retrouver plusieurs fois par an autour de thématiques de travail, pour nous permettre de grandir dans notre posture de CEO, mais aussi d'échanger de manière informelle sur des sujets de vie. C'est très précieux.

Entre entrepreneurs, les relations sont différentes car elles sont très directes, très franches, et sans fard. Nous pouvons nous parler de sujets très techniques et très précis, ce qui est très appréciable. C'est aussi un vrai test d'ego : une pièce entière remplie de CEO, majoritairement des hommes, c'est assez impressionnant. Pourtant, chacun réussit à se rendre disponible pour l'autre, et personne ne vient pour faire une démonstration de force ou pour écraser l'autre, alors que nous avons pourtant dans ce groupe plusieurs licornes, qui cohabitent avec des boîtes plus petites et plus discrètes ayant très peu levé de fonds. En tant qu'une des rares femmes du groupe, c'est aussi particulièrement rassurant de constater chez mes pairs une atmosphère dans laquelle nous sommes toutes très à l'aise bien que très minoritaires.

Je ne ferai pas de généralités, mais je trouve que les CEO de notre génération sont très au clair sur les enjeux de diversité, d'inclusion et d'équité, et que cela se ressent tout à fait dans nos relations. Il n'y a jamais de drague ou de propos déplacés, l'ambiance est bon enfant. Comme on dit en anglais, « *we work hard, we play hard* », mais toujours dans le respect. Je trouve ça important de le dire car je me réjouis que les CEO de start-up d'aujourd'hui, qui seront certainement les grands patrons de demain, pourront ainsi continuer d'œuvrer à plus de diversité et d'équité dans leurs entreprises.

L'amour

Chez les entrepreneurs, les statistiques relatives aux relations amoureuses font un peu froid dans le dos : on parle non plus d'un divorce sur deux, mais de deux sur trois. C'est assez effrayant. Les raisons sont très structurelles : le temps manque énormément et un décalage se crée qui s'accroît chaque jour entre les deux membres du couple. L'hypercroissance est un sport de haut niveau, aux répercussions physiques et psychologiques qui ne sont pas neutres. C'est parfois difficile d'avoir des relations sur la durée quand on doit voyager beaucoup que l'on est sous pression constante ou que l'on est extrêmement sollicité. Il y a évidemment des exceptions (mon ami Paul, fondateur du formidable service « La Belle Vie » qui livre à domicile les courses du quotidien, est marié depuis plus de dix ans et ils ont deux beaux enfants), et le monde évolue également : le fait de pouvoir passer sur un mode de travail hybride avec plus de temps en télétravail est aussi bénéfique pour les relations personnelles.

Pour une femme, c'est un sujet avec un autre niveau de complexité. Nous vivons, malgré les efforts féministes engagés et les évolutions qu'ils apportent, dans une société qui demeure assez patriarcale où l'on s'attend à ce que les hommes soient principalement aux commandes, qu'ils gagnent plus que les femmes (22 % en moyenne d'après l'Insee[25]), et où il est socialement plus facile d'être une femme dans une position traditionnelle (vous comprendrez *inférieure)*. Être une femme entrepreneure, c'est tourner le dos à tout ça. C'est potentiellement vivre avec quelqu'un qui gagne moins que vous, qui a moins de responsabilités professionnelles que vous, qui va devoir se plier à vos contraintes plus fréquemment que vous aux siennes. Je ne pense pas que tous les hommes en soient capables à ce jour. Certains de mes ex avaient un vrai problème avec le fait que lorsqu'on arrivait à un dîner, les gens avaient plus de questions à me poser qu'à lui. D'autres vivaient mal la couverture médiatique et trouvaient des moyens parfois artificiels d'exister à mes côtés, comme si c'était une nécessité. Par chance, celui qui est devenu le père de mon fils est un brillant avocat qui n'avait aucun problème d'ego sur ces sujets, et même si nous sommes aujourd'hui séparés, notre séparation n'a aucun rapport avec mon travail, ni avec les contraintes exigeantes qu'il peut avoir au quotidien.

Je pense que la bonne personne avec qui partager sa vie lorsqu'on est entrepreneur ou indépendant est avant tout quelqu'un qui vous apporte un soutien, moral et affectif, fort et qui sait faire fi du « bruit » lié à votre activité. Je pense que quelqu'un qui n'a pas confiance en soi, qui souffre d'un complexe d'infériorité, qui est jaloux, qui n'est pas animé par son propre métier ou ses propres passions aura plus de mal au quotidien à exister face à un entrepreneur. Et c'est généralement vrai pour toute relation : être avec quelqu'un qui n'est pas bien dans ses baskets est souvent très compliqué et générateur de beaucoup de frustrations ou de douleurs. À titre personnel – ma vie intime est très privée –, je dirais simplement que ma relation à l'autre n'a pas particulièrement changé depuis que je suis entrepreneure, elle a simplement mûri : je suis plus à même aujourd'hui d'assumer mes choix, et notamment de dire plus facilement « *non* » à quelque chose, que je n'ai pu le faire auparavant.

J'ai toujours eu beaucoup de mal à communiquer mes émotions, et lorsque je le fais, cela n'est pas toujours (voire très rarement) bien fait. J'ai toujours éprouvé beaucoup de difficultés à mettre les bons mots sur les bonnes émotions, et même si je suis très émotionnelle, j'ai le sentiment de manquer quand même de moyens pour exprimer mes émotions dans ma sphère privée. C'est un travail long. Je conseillerais d'ailleurs à chacun de se faire accompagner à un moment dans sa vie sur le sujet des relations personnelles. Savoir se remettre en question n'est pas qu'une affaire de business, c'est aussi une affaire personnelle.

L'équipe

L'une des choses qui me tiennent le plus à cœur quand je parle de JOONE, c'est de rappeler que derrière chaque entrepreneur il y a toute une équipe de talent. S'entourer des bonnes personnes est une des clés de la réussite, si ce n'est la plus importante. Je pourrais vous ressortir cette vieille rengaine « seul on va plus vite, à deux on va plus loin », car elle est vraie. Quand on est solo-entrepreneur, être capable d'avoir des experts autour de soi est clé. Cela permet de se faire challenger, de discuter, de débattre, de grandir, d'avoir d'autres idées que les siennes. Quand on se lance à plusieurs dans une aventure, cela permet aussi de débuter avec une petite équipe, ce qui est un plus. Évidemment, il sera quoi qu'il arrive indispensable de faire grandir l'équipe à mesure que le nombre de clients augmentera.

Les ressources humaines sont un métier complexe, délicat, qui demande beaucoup de finesse, de psychologie, de compréhension et de vision (rien que ça !). C'est un enjeu de long terme car recruter et former des gens prennent du temps. Nous recrutons chez JOONE avec une matrice 50 % valeurs 50 % compétences. J'aime que les gens soient naturels, à l'aise en entretien, et qu'ils se livrent au-delà des questions bateau du type « quel est ton défaut ? » aux réponses tout aussi bateau du style « je suis perfectionniste ». Travailler ensemble, surtout au début et dans de petites équipes, c'est partager bien plus qu'une mission ou une feuille de route, c'est partager une phase de vie. Comme dans toute relation humaine, il y aura des réussites incroyables, des échecs douloureux, des joies, des peines, des histoires continuent et d'autres qui finissent. Mais toujours la volonté de faire les choses bien.

Notre équipe chez JOONE est comme un petit village : on y trouve tous les corps de métier. De la data science aux ingénieures en cosmétique, du marketing à la finance, des services généraux au service client : tout est internalisé à part le juridique, car entre le droit contentieux, le droit des affaires, la propriété intellectuelle, le droit social ou le droit des contrats, nous faisons appel à de trop nombreuses compétences juridiques pour avoir un seul avocat maison. C'était un choix personnel : j'aime travailler sur le long terme avec des gens en qui j'ai confiance, et je me méfie des agences qui sont parfois promptes à signer des contrats, à prendre l'argent, mais lentes à délivrer un résultat par la suite.

Nous n'avons pratiquement que des CDI, à quelques exceptions près, des freelances qui préfèrent ce régime à celui du CDI. Nous avons toujours été une majorité de femmes (entre 60 et 70 % en fonction de la vie de JOONE) et ce, même dans les métiers réputés masculins comme la finance, la data, ou la tech. Nous sommes un peu plus de 50 % de femmes à des postes de managers également, et notre comité d'administration est composé de cinq femmes et d'un homme. Ce n'est pas un quota que nous nous imposons, c'est une réalité de notre croissance : nous avons rencontré des femmes merveilleuses, inspirantes, bosseuses, investies, et nous avons construit une équipe où elles se sentent bien et peuvent s'épanouir.

Nous avons aussi des hommes, bien sûr, pour lesquels les mêmes critères de recrutement et de gestion s'appliquent. Mon comité de direction est à l'heure actuelle composé de trois hommes pour une seule femme (moi), où je suis donc en minorité. Ce n'est pas un souhait, ni dans un sens ni dans l'autre. Je reste à titre personnel assez opposée aux quotas, ayant vu certaines dérives dans leur utilisation aux États-Unis, même si je réalise que l'utilisation des quotas, en forçant le pas, pousse à une évolution qui aurait pu être plus lente autrement. Je comprends que les quotas permettent d'encourager à plus d'équité, mais je trouve que même sans quota, avec de la bienveillance et des valeurs fortes, on peut parvenir à un résultat similaire, voire meilleur, dans l'engagement pour la diversité, l'inclusion et l'équité.

Construire une équipe permet cette magie-là : créer une unité forte même au milieu du chaos et des tempêtes du quotidien. Notre équipe chez JOONE, qui a beaucoup grandi et évolué au fil des années, depuis les collaborateurs historiques qui m'ont aidée à tout construire aux toutes nouvelles recrues qui permettent de continuer d'avancer et d'aller chercher de nouveaux défis, est sans nul doute une de mes plus grandes fiertés et une de mes plus grandes joies.

BOSS & MAMA À LA FOIS

J'ai beaucoup parlé de *boss* et peu de « mama ». C'est un peu normal, vu que mon job est de rendre le quotidien des « mamas » plus pratique et plus agréable partout dans le monde. En parlant de JOONE et de mon expérience d'entrepreneure, finalement, je parle beaucoup des mamans.

J'ai longtemps attendu avant de devenir maman moi-même. Au lancement de JOONE, on m'a systématiquement demandé en interview si j'étais maman, pour s'étonner ensuite du fait que je ne l'étais pas et que j'aie pourtant eu l'idée de lancer une entreprise dans le domaine de l'enfance et de la famille. Nous avons dû trouver une réponse qui permettait de répondre « non » tout en fermant la porte à la question qui suivrait logiquement : « Pourquoi ? ». C'est là la force des messages que l'on a travaillés en amont, avec lesquels on est à l'aise, et qui permettent de ne pas se mettre dans des situations embarrassantes. Nous avons opté pour la réponse : « Non, je n'ai pas cette chance ». Ces quelques mots ont systématiquement permis d'éviter le « ah bon, mais pourquoi ? ». Ils font comprendre à l'autre, qu'il soit journaliste, entrepreneur, investisseur ou simple curieux, que ma position de femme sans enfants est un sujet potentiellement douloureux, sans pour autant donner de quelconque indication sur les raisons.

Maintenant que je suis maman, on ne me pose plus la question, et je peux enfin dire que je trouve cela assez nul d'avoir dû mettre en place des stratagèmes pour éviter pendant tant d'années d'y répondre. On ne demanderait jamais à un homme de trente-quatre ans pourquoi il n'a pas d'enfants. On supposerait qu'il travaille beaucoup, qu'il n'a pas fait de la vie de famille une priorité, et que c'est tout à fait OK. Pour une femme de trente-quatre ans, on cherche à fouiller, à trouver quelque chose de bien plus « croustillant » : infertilité, endométriose, FIV, fausse couche, tant de sujets douloureux qui touchent à l'intimité des femmes et dont elles n'ont pas du tout envie de parler à la demande. En répondant « Non, je n'ai pas cette chance », je n'avais pas besoin d'en parler.

Il n'y avait pas de raison particulière au fait que je n'avais pas d'enfant à trente-quatre ans. Je n'avais juste pas rencontré la bonne personne avec qui avoir un enfant, c'est aussi simple et aussi peu sensationnel que ça. J'ai fait de très longues études qui m'ont fait entrer tardivement dans la vie active et m'obligeaient à adopter un rythme peu traditionnel : l'écriture de ma thèse me poussait à passer des semaines entières sans parler à personne, à écrire jusqu'à 2 ou 3 h du matin, et à ne fréquenter que les salles d'étude des bibliothèques américaines où j'étudiais.

Une fois ma thèse terminée, j'ai attaqué ma carrière de prof et de comédienne en parallèle à Paris, et je n'ai tout simplement pas rencontré une personne qui me donne envie de fonder une famille. Je comprends et respecte immensément celles et ceux qui décident de faire un enfant seuls/seules. Ayant grandi avec des parents divorcés, j'avais très envie d'offrir à mon enfant un cadre familial assez classique. J'ignore si j'aurais eu des enfants si je n'avais pas rencontré celui qui est devenu mon mari. En tout cas, je n'ai pas repoussé les choses ou attendu afin de privilégier ma carrière et tout cela n'a rien à voir avec le fait de ne pas réussir à avoir d'enfant. D'une manière assez simple, je souhaitais avoir un enfant avec la bonne personne.

La grossesse

Je suis tombée enceinte quelques jours après mon mariage lors de ma lune de miel en Grèce, ce qui nous a inspirés le surnom de *Périclès* pour parler de notre futur bébé et éviter de mentionner le vrai prénom que nous avions choisi, Hadrien. Je souhaitais un prénom qui puisse fonctionner facilement à l'oral en anglais, consciente que si ma vie m'ancre aujourd'hui à Paris, j'ignore de quoi l'avenir sera fait et je connais, pour l'avoir vécu, les vertus de l'expatriation temporaire.

Je n'ai pas tout apprécié dans la grossesse. C'est un état qui pour moi était très limitant, à la fois physiquement par la prise de poids ou les divers maux, mais aussi dans mon travail : ne pas pouvoir physiquement me rendre où je voulais, devoir faire des siestes en journée car je tombais de sommeil, m'arrêter purement et simplement de travailler n'a pas été une expérience agréable pour moi. Je me sentais contrainte et pour moi qui vis à cent à l'heure, c'était une vraie frustration.

C'est mon chien Percy qui a réalisé le premier que j'étais enceinte. Alors que j'ignorais tout de ma grossesse, il avait pris pour habitude de coucher sa tête sur mon ventre, chose qu'il ne faisait jamais auparavant. J'ai trouvé ça mignon, mais étrange. Je suis donc allée faire un test de grossesse (plus précisément, trois, achetés dans trois pharmacies différentes afin d'avoir trois numéros de lot différents). J'ai donc découvert le résultat très tôt, à seulement trois semaines, grâce à mon chien. J'ignore si c'était réel ou psychosomatique, mais j'ai très rapidement ressenti les symptômes de la grossesse, et j'avoue avoir profité pleinement du deuxième confinement en novembre et décembre 2020, pour cacher mes symptômes à mes équipes.

J'avais deux priorités absolues après l'annonce de ma grossesse à mes proches : trouver un mode de garde et l'annoncer à mes investisseurs. Je venais de faire un tour de table quelques mois plus tôt et il me tenait à cœur d'avoir un très bon plan mis en place pour mon congé maternité. Trouver une crèche a été plutôt rapide grâce à JOONE car nous équipons environ quatre cents crèches en France. J'ai naturellement commencé par appeler les différentes crèches partenaires afin de savoir si je pouvais réserver un berceau quinze mois à l'avance et cela a heureusement fonctionné. J'ai ensuite travaillé avec mon coach Adrien sur un calendrier lié à ma grossesse afin de faire un échéancier précis de toutes les étapes (quand je pars, quand je reviens, ce qui se passe en mon absence) et d'organiser mon absence physique des bureaux et vis-à-vis de mes équipes. Par chance, je devais accoucher début juillet, soit pile au milieu du creux estival où les équipes sont en vacances par intermittence. J'avoue que le timing a été plutôt favorable.

Le plan était simple : j'allais travailler le plus longtemps possible, puis débrayer un jour par semaine au mois de mai, qui est un mois assez léger car il comporte plusieurs jours fériés, et m'arrêter opérationnellement début juin, soit trois semaines avant mon terme au lieu des six semaines du congé maternité traditionnel. J'avais besoin de ces trois semaines pour vraiment prendre conscience de l'arrivée de mon fils mais aussi pour gérer une bonne partie de la préparation (chambre, habits, matériel etc.). J'allais reprendre à la fin des vacances communes à tous les JOONIES, vers le 20 août, soit environ six semaines après la naissance au lieu des dix traditionnelles. Ce rythme s'adaptait facilement à l'agenda et devait être tenu facilement.

Nous avons également mis en place des rituels et des règles précis. Mon directeur des opérations et mon directeur de la croissance se partageaient un certain nombre de mes tâches et nous avons choisi les dates des comités d'administration pour que je puisse faire le dernier en mai et le suivant mi-septembre. Mon investisseur historique et moi-même tenions beaucoup au fait de considérer que la grossesse n'était pas un problème, mais bien une partie de l'histoire, et que nous allions donc vivre deux mois sans CEO. Je ne pourrais que conseiller à toutes celles qui lisent ce livre d'anticiper au maximum et de planifier, en faisant le tri entre ce qui peut et doit continuer sans vous et ce qui peut et doit attendre. C'est un vrai confort pendant la grossesse et pour la suite.

Une fois les détails techniques réglés, il fallait trouver la bonne personne pour m'accompagner. J'avais vu aux États-Unis en 2008 un documentaire incroyable, *The Business of Being Born*, qui m'avait marquée. Le docu retraçait l'histoire de la maternité à travers les âges et comment la pratique avait été hautement médicalisée aux États-Unis afin de diminuer les risques mais aussi d'augmenter les profits. Depuis ce jour, je m'étais toujours dit que je pratiquerais l'accouchement à domicile, en dehors de l'hôpital. Déjà car j'avais beaucoup fréquenté les hôpitaux étant jeune et que je n'en gardais pas de très bons souvenirs mais aussi car je croyais très fort en la capacité du corps féminin à supporter naturellement un accouchement. Dans le cadre de ma thèse, j'avais étudié de nombreux rites initiatiques et l'accouchement en faisait systématiquement partie. Les jeunes mères indiennes allaient par exemple accoucher souvent seule près d'un ruisseau ou d'un arbre, à genoux ou à quatre pattes, voire debout[26], mais jamais allongée, jamais à l'encontre de la gravité. La pratique de l'accouchement, allongée, date de sa médicalisation, rendant la tâche plus pratique non pas pour la mère, mais pour le médecin (imaginez un gynéco devant aider à l'accouchement une femme en position de squat, C'est moins confortable pour lui). J'avais en plus fait l'expérience plusieurs années auparavant de la force du mental face à la douleur.

Un soir vers 19 h chez moi, avant d'aller jouer à La Comédie République une pièce avec ouverture de rideau à 21 h 30, je m'étais bêtement brûlé le poignet en sortant une soupe du micro-ondes. La douleur était au-delà de tout ce que j'avais pu ressentir avant. J'avais appelé mon producteur pour lui demander si la comédienne avec qui nous tenions le rôle en alternance était disponible, mais elle était en week-end et nous étions complets pour les deux soirées. Rembourser deux cent trente personnes ne l'enchantait pas et il m'a convaincue de venir jouer. En loges, je n'arrivais même pas à me maquiller. La douleur me faisait pleurer, idem en coulisses. Et puis, quand je suis entrée en scène, j'ai commencé à dérouler mon texte, mon cerveau s'est naturellement débranché de la douleur, et j'ai joué dix minutes comme si de rien n'était. En sortant de scène au passage de l'acte 2, j'ai posé mon sac sur la table des accessoires et j'ai vu le bandage sur mon poignet : à cet instant, la douleur est revenue immédiatement. J'étais sidérée : mon cerveau avait été capable de bloquer la douleur car il était occupé à autre chose. J'ai fini la pièce et me suis rendue aux urgences pour y apprendre que j'avais une brûlure au premier degré, avec une petite section brûlée plus profondément au second degré, et que j'allais devoir suivre un traitement et venir tous les jours à l'hôpital pendant plus d'un mois pour refaire le pansement.

Une fois enceinte, j'étais donc résolue à accoucher de manière naturelle et pas à l'hôpital. Paul n'y était pas opposé mais était légitimement inquiet. Pour que ce soit parfaitement équitable, j'ai donc cherché un gynécologue pratiquant des accouchements, ma gynécologue habituelle ne faisant pas d'obstétrique. J'ai fait la très désagréable expérience d'un médecin pourtant hautement recommandé qui m'a sorti tout le florilège des gestes et pratiques désagréables : mise à nu intégrale (pour vérifier une grossesse ?), examen sans demande de consentement ni présentation des gestes, palpation des seins, prise de poids, jugement sur mon projet d'accouchement à domicile… Bref, la totale. Je suis sortie en larmes et je pense que cette expérience a fini par convaincre Paul que l'accouchement à domicile serait plus adapté.

Nous avons rencontré notre sage-femme, Sidonie, et la formidable équipe du Groupe Naissances de Paris, qui pratique les accouchements à domicile en région Parisienne. Le protocole était très simple et très sécurisant : Sidonie allait faire la préparation et elle serait là le jour J avec une deuxième sage-femme, celle qui serait de garde à la date de mon accouchement. Si tout se passait bien, c'est-à-dire un accouchement au plus tôt trois semaines avant le terme, que je n'avais pas de fièvre ou d'autres symptômes inquiétants au moment d'accoucher, que le bébé n'était pas en siège, on pourrait procéder à un accouchement à la maison. Si un de ces critères n'était pas réuni ou que quelque chose ne se passait pas bien, nous devrions aller à la Clinique Jeanne-d'Arc dans le 13e arrondissement pour accoucher toujours avec notre sage-femme dans une salle de naissance, mais toujours sans médicalisation, avec la même sage-femme tout du long et personne d'autre. Si enfin il y avait un vrai gros, problème mettant en danger ma vie ou celle du bébé, alors nous devrions aller à la Pitié Salpêtrière qui était l'hôpital partenaire dans ces cas-là. Cela impliquait donc une triple préparation avec trois dossiers médicaux dans chaque structure, mais c'était une lourdeur administrative que j'étais prête à absorber étant donné, mon souhait d'accoucher au calme chez moi.

Notre préparation à l'accouchement s'est également faite à trois niveaux, mais plus par choix. Nous avons fait de l'haptonomie afin de faciliter la relation avec le bébé *in utero*, la préparation d'hypno-naissance pour apprendre à se mettre en état d'autohypnose pour l'accouchement, et la préparation mensuelle avec Sidonie, notre sage-femme qui, je tiens à le dire, n'a pas pratiqué un seul toucher pendant toute ma grossesse. Quel bonheur de voir en face de soi des professionnels de santé à l'écoute et maîtrisant sur le bout des doigts leurs sujets. C'était vraiment parfait ! Le fait d'être aussi bien préparée, notamment à tout ce qui peut mal se passer, était idéal pour me maintenir dans un état de zénitude complet.

L'accouchement

Mon accouchement ne s'est évidemment pas passé comme prévu et je pense que c'est le propre d'un accouchement : ne jamais se passer comme prévu ! C'est un épisode de vie et dans la vie, on ne peut que se préparer, essayer de prévoir, mais on ne peut jamais être sûr que la prévision sera juste. C'est d'ailleurs le conseil que je donne fréquemment aux mamans que je rencontre : peu importe le chemin, ce qui compte, c'est la destination. Idéaliser l'accouchement, c'est prendre le risque de passer à côté de la beauté de la naissance en tant que telle.

Pour l'accouchement à domicile, j'ai donc passé dix-sept heures en travail chez moi, allongée seule sur mon lit recouvert de plastique en mode Dexter (avec mes chiens pas loin dans la pièce), à méditer pour supporter les contractions qui ont tout de suite été très rapprochées, toutes cinq minutes les trois premières heures, puis toutes les minutes. Ce fut relativement atroce pour quelqu'un de très impatient comme moi et je remercie chaque jour mon entraînement à l'autohypnose et la méditation qui m'ont permis de tenir aussi longtemps.

Je n'ai pas beaucoup d'exercices d'autohypnose à partager, mais il y en a un que j'aime beaucoup. Il s'agit d'imaginer une route où chaque voiture qui passe représente une émotion ou quelque chose qu'on souhaite atteindre – le bonheur, la réussite, l'amour, une promotion – ou même une personne. Sur l'autoroute, les voitures roulent vite et ne s'arrêtent jamais. Si on se met à courir après, c'est à la fois épuisant mais aussi et surtout très dangereux. Il suffit de s'imaginer assise sur le bord de la route et de regarder les voitures, conscient du fait que chaque voiture représente un idéal, pas une fin en soi, et que l'on ne peut pas tous les atteindre, que l'on ne peut pas tout avoir dans une vie. Si vous m'avez déjà entendue dire que je regarde les voitures passer, voilà pourquoi.

Rapidement au milieu des contractions, je me suis arrêtée de parler, j'étais dans un état un peu second dans lequel seuls comptaient mes pensées positives et mon « lieu de refuge » dans le cadre de l'hypnose. Mon mari et ma sage-femme étaient dans le salon, et nous attendions ensemble l'ouverture de mon col. Ce moment n'arriva pas. Au bout de dix-sept heures, je n'étais toujours pas à deux centimètres, mais j'étais à bout nerveusement et comme les contractions étaient rapprochées, il était plus prudent d'aller à la clinique. Une fois sur place, on m'a posé une péridurale pour que je puisse me reposer, manger, et supporter le médicament qui devait faciliter l'ouverture de mon col, mais je pouvais toujours marcher et je ressentais encore plein de sensations. Malheureusement, le cœur de mon fils réagissait plutôt mal au médicament et une heure après, la décision fut prise très rapidement de faire une césarienne d'urgence. Je l'ai objectivement très bien vécu car j'avais pu vivre mon expérience jusqu'au bout : je m'étais dit que mon accouchement serait naturel jusqu'au moment où il deviendrait médicalisé car il y avait une vraie nécessité médicale. Mon fils étant en danger, j'étais tout à fait OK pour qu'on me fasse une césarienne en urgence. J'ai même pu pousser moi-même, c'était vraiment super.

Je n'ai aucune leçon à donner aux futurs parents qui liront ce livre, je partage juste ma propre expérience. Ma capacité à vivre et gérer mon stress est évidemment très liée à mon travail dans lequel je supporte des doses constantes de stress qui m'ont obligée à m'adapter et à apprendre à vivre avec mais aussi à développer des méthodologies pour rendre ce stress plus tolérable. Je sais que ce n'est pas le cas de tout le monde mais je ne peux que conseiller cette approche d'ouverture d'esprit et de flexibilité car la vie avec un enfant, ce n'est que ça : apprendre, s'adapter, modifier. J'aimerais également conseiller aux futurs parents de discuter ensemble de tous les choix en amont et au coparent d'être un vrai soutien pour la mère qui porte l'enfant. La grossesse est un moment unique. Toute l'attention doit être portée à la mère. On doit lui donner de la force, être son relai. Et il est important de garder à l'esprit que l'on ne peut pas tout contrôler, qu'il est alors indispensable d'être clairs et unis face au corps médical pour pouvoir vivre pleinement ce moment dans l'intimité d'un couple ou en famille. Il faut aussi oser exprimer clairement vos souhaits, poser des questions, dire non ou stop quand vous êtes mal à l'aise. Cela me semble si important !

L'organisation de la reprise

Je réalise que j'ai eu une chance inouïe car un grand nombre de mamans n'ont pas la chance de pouvoir faire ce que j'ai fait pour la reprise du travail. Je le partage cependant avec vous car c'est mon expérience et si elle peut servir, tout comme le retour d'expérience de Delphine Plisson, la fondatrice de Maison Plisson, m'a servi lors de la mise en place, alors tant mieux.

Chez JOONE, nous faisons fréquemment des shootings pour créer du contenu pour nos réseaux sociaux et notre site internet. J'avais décidé de sacrifier une de nos salles de réunion et de la transformer en nurserie pour que mon fils puisse rester avec moi jusqu'à ses six mois (donc quatre mois de vie au bureau) avant d'aller à la crèche. Donc nous pouvions aussi y organiser des shootings. Je souhaitais allaiter longtemps : ce fut un échec. Je ne suis pas parvenue à aller au-delà de trois mois, et ce, en faisant de l'allaitement mixte. Néanmoins, le système de garde avait été mis en place pour me permettre d'avoir mon fils au bureau avec moi. Je partais donc au bureau le matin avec lui et mes deux chiens où nous passions la matinée en réunion ou dans sa « chambre » dans laquelle on avait installé un bureau pour que je puisse travailler et un fauteuil confortable pour que je puisse allaiter. Nous avions un tapis de jeu, un transat, et de quoi le prendre dans d'autres salles de réunion si besoin, et il avait évidemment un lit, des affaires, une table à langer, des jouets etc. 14 h, Vanessa, sa nounou, arrivait pour s'occuper de lui l'après-midi, me laissant libre de travailler plus intensément. Elle m'amenait Hadrien quand je devais l'allaiter. Ensuite, nous rentrions et quatre fois par semaine, Vanessa passait la nuit à la maison afin de pouvoir nous aider à nous occuper d'Hadrien, et pour me permettre de dormir pour être efficace le lendemain. Je n'ai jamais eu la moindre angoisse à l'idée d'avoir une nounou car j'étais souvent là physiquement, avec elle ou à côté. Je pense que cela aide psychologiquement pour pouvoir confier son bébé à quelqu'un alors qu'il est si petit. Et le fait d'avoir une professionnelle de la petite enfance avec soi permet d'apprendre tellement de choses ! Vanessa nous a enseigné tous les bons gestes, donné les bons conseils. Elle m'a notamment fait beaucoup déculpabiliser par rapport aux choses qui m'angoissaient. Je me souviens très bien de nos discussions sur la DME (Diversification Menée par l'Enfant). Je voyais cette tendance très populaire parmi les mamans de notre communauté, mais j'angoissais vraiment à l'idée de donner des légumes et des fruits en morceaux à mon fils quand Vanessa n'était pas là. Elle m'a rassurée en me disant que mon fils n'aurait pas une médaille parce qu'il aurait mangé des morceaux à six mois et que c'était tout à fait OK d'attendre que je sois plus à l'aise. Avec mon fils, j'ai beaucoup appris la patience qui me fait défaut au quotidien. Je devais notamment apprendre à gérer mes propres attentes face aux pressions que je ressentais et qui étaient liées à l'environnement dans lequel j'évolue et qui m'oblige à suivre toutes les tendances, sans forcément vouloir toutes les appliquer ! Il est évident que cela finit par créer des attentes parfois irréalistes pour une jeune maman.

Le post-partum

Être enceinte la même année qu'Emily Ratajkowski n'est pas une mince affaire. Supporter les affres de la grossesse sur son corps, pendant et après –, en voyant les photos de cette déesse qui porte la grossesse avec style et grâce, ainsi très certainement qu'un patrimoine génétique particulièrement favorable, est difficile. J'ai eu beaucoup de mal à supporter de prendre autant de poids pendant ma grossesse. J'ai d'ailleurs refusé de connaître mon poids pendant neuf mois. Juste après avoir accouché, je vivais comme une injustice le fait de voir ce corps qui ne portait plus d'enfant, mais qui était toujours aussi charnu. C'était vraiment difficile à accepter pour moi. Je sais que la société moderne nous invite à accepter nos corps tels qu'ils sont et à aimer notre post-partum, mais j'ai envie de dire que chaque femme a la relation qu'elle peut avec son corps, indépendamment des injonctions extérieures. Je n'ai pas forcément besoin d'être mince pour plaire à la société mais j'ai besoin d'avoir une forme de contrôle sur mon corps car cela me sécurise et m'apaise. Cela ne va pas plus loin que ça. J'ai donc débuté le jeûne intermittent et repris rapidement l'équitation, que j'avais dû arrêter très tôt par crainte de chute, ainsi que le pilates et le yoga qui m'ont permis de me reconnecter rapidement à mon corps.

En fait, ce n'est pas le corps d'Emily Ratajkowski qui m'a le plus fait réfléchir, mais sa prise de position à l'annonce de sa grossesse. Elle a publié dans le *Vogue* américain une tribune expliquant que son enfant choisirait son sexe à ses dix-huit ans et qu'il n'y aurait pas de « *gender reveal* »* (annonce du sexe de l'enfant). Quand j'ai organisé une mini-*babyshower* en fin de confinement (« *COVID* friendly » avec seulement six personnes, le maximum autorisé à l'époque), et que nous avons révélé que nous attendions un garçon, j'ai reçu des centaines de commentaires bienveillants, mais aussi quelques-uns qui m'accusaient de ne pas être une vraie féministe parce que j'organisais une telle fête. Cela m'a laissée dubitative. Consciente de la puissance du mouvement « *woke* » aux États-Unis, je comprenais cette prise de position mais je n'étais pas capable de faire ce choix pour mon enfant. Cela dit, la tribune d'Emily a eu le mérite de me forcer à m'interroger sur un sujet qui était finalement très proche de ma thèse : « *What it is to be a man, a legitimate man ?* »[27].

Je vis dans un environnement professionnel peuplé d'hommes. J'en suis d'autant plus consciente grâce à mon rôle de mentor dans le programme SISTA. En 2020, seules 4 % des start-up étaient créées par des femmes et 90 % des fonds levés pour le financement des start-up étaient alloués à des fondateurs masculins. Clairement, en tant que femmes, nous sommes une minorité.

Dans mon monde d'avant, celui de l'art, je vivais déjà dans un monde où les hommes étaient plus nombreux et plus souvent au pouvoir. Ce n'est pas surprenant que le mouvement MeToo soit né dans le monde artistique. Reste que la masculinité toxique n'est pas seulement, à mon sens, une question de pouvoir ou de profession, mais bien de culture. Alors comment m'assurer que mon fils tombera du bon côté ?

Est-ce que « bien élever » mon fils sera suffisant ? Est-ce qu'il sera suffisant de lui inculquer les valeurs de partage, de bienveillance, de gentillesse, ces valeurs trop peu visibles dans une époque qui met en avant tant de comportements extrêmes, parfois intolérants, qui valorise le clash, qui fait fi de la pensée logique ou du raisonnement scientifique ? Est-ce que mon fils, qui recevra grâce à la République française une éducation presque gratuite et de qualité, qui grandira dans un pays où sa sécurité physique et médicale est assurée, qui sera un de ces « *mâles blancs privilégiés* », trouvera sa place dans la société de demain ? Une société dans laquelle les hommes devront peut-être s'excuser d'être des hommes à cause des dérives de leurs prédécesseurs, et vivre dans la crainte de ne jamais être assez… ? Assez gentils, assez compréhensifs, assez « *not all men* ».

Quelle sera la société de demain alors que notre monde tente de se réinventer pour être plus équitable, plus inclusif, moins patriarcal ? Comment puis-je, en tant que femme née et qui a grandi entourée d'hommes de la « génération d'avant », l'aider à construire ce monde ?

TROUVER L'HARMONIE ENTRE VIE PERSO ET VIE PRO

Dans un monde parfait, nous aurions toutes et tous une vie idéale, structurée, sans impondérables, dans laquelle les relations humaines seraient toujours bienveillantes, où nous pourrions être la meilleure version de nous-mêmes.

Nous ne vivons pas dans un monde parfait. Nous devons apprendre à jongler avec toutes les balles que la vie nous offre comme autant d'événements, certains très positifs, d'autres moins. On évoque très souvent l'équilibre pour parler de la gestion de la vie perso et de la vie pro, comme si chacune était d'un côté de la balance. Moi, je préfère parler d'harmonie.

Pourquoi ? Parce que d'après le sociologue Andrew Naber, nous passons un tiers de notre vie à travailler et qu'il est à mon sens très dommage de considérer son travail comme une parenthèse, quelque chose qui ne fait pas vraiment partie de sa vraie vie qui regrouperait, elle, nos passions, notre famille, nos moments de repos. Celle que l'on aimerait véritablement et qui nous serait notre seule source de contentement. Soyons clairs : oui, mes plus grands moments de bonheur, je les passe avec mon fils (le voir grandir, rire avec lui, lui lire des livres, faire des câlins avant de se coucher) et avec ma famille. Mais ces moments ne sont-ils pas mes plus grands moments de joie justement parce que je ne suis pas avec mon fils tout le temps et qu'ils sont donc des moments privilégiés ? Est-ce que le fait que je sois par ailleurs en harmonie avec moi-même, heureuse des choix que j'ai faits, épanouie dans mon job, ne me rend pas plus apte à profiter du bonheur de ces instants ?

Pourquoi vouloir opposer vie perso et vie pro en créant des barrières hermétiques alors même que le travail s'est invité à cause (ou grâce) au Covid dans nos maisons ? Nous avons tous fait des visios avec nos chefs, nos équipes, découvert leur intérieur, souri en voyant que nous avions la même bibliothèque IKEA, jugé parfois le choix d'un papier peint, mais nous nous sommes surtout tous étonnés de la facilité avec laquelle nous avons fait ces visios, même en pyjamas, avec juste un haut correct pour passer sur l'écran, comme si une partie de nous était en effet au travail et l'autre partie à la maison.

Le monde a changé et sa vision du travail également. Trouver l'harmonie, c'est accepter les porosités entre les deux espaces d'une même vie. Il faut donc réussir à s'organiser pour que tout soit compatible et que l'on puisse être heureux dans chacun des espaces.

Mon organisation militaire

J'en parle très souvent, mais je dois mon salut à mon organisation stricte et précise. J'ignore si c'est aussi à cause de ça qu'Hadrien est aussi bien calé sur son rythme (réveil et dodo tous les jours à la même heure), mais je ne peux que croire que cela joue. Je vous le dis par avance : cela enlève une certaine forme de liberté et de spontanéité. Je ne conseillerai donc cette méthode d'organisation uniquement qu'à ceux qui en ont le besoin, c'est-à-dire celles et ceux qui, aujourd'hui, se sentent dépassés par leur emploi du temps.

Cela peut surprendre, mais mon emploi du temps ne change pas d'une semaine à l'autre. Je fais chaque lundi, chaque mardi, chaque mercredi, chaque jour la même chose. Mon agenda comporte des cases dédiées à des tâches d'une durée spécifique et seul le contenu de la tâche peut (et va) changer.

Le lundi est ma plus grosse journée de management. Je mène tous les entretiens avec les gens qui me rapportent en direct (mon comité de direction) ainsi qu'avec l'équipe de « *general management* » et l'équipe marketing que je dirige. J'ai une heure trente de pause déjeuner que j'utilise soit pour faire du sport soit pour un déjeuner extérieur. Si quelqu'un souhaite déjeuner avec moi, mon assistante Julie proposera uniquement le lundi midi, quitte à fixer le déjeuner deux mois plus tard. À quelques rares exceptions près, nous nous tenons à cette règle, ainsi qu'à la règle qui veut que je ne fasse pas un déjeuner pro et un dîner pro dans la même journée : c'est trop pour mon estomac !

Le mardi est ma journée projets. Je débute par une séance d'équitation en faisant des calls sur le trajet. Je peux faire deux calls de trente minutes avant de monter à cheval, puis deux calls de trente minutes après avoir monté. J'appelle toujours Julie si je ne la vois pas pour faire le tour de mon agenda du jour et discuter des projets en cours, puis j'ai souvent les consultants d'Image 7 au téléphone pour faire également un point communication. Mon après-midi se divise en plusieurs cases « Projet » qui durent quarante-cinq minutes ou une heure trente. Ce sont généralement des créneaux que prennent les équipes pour me présenter des idées ou que l'on réserve aux interviews. Ces derniers mois, les mardis étaient dédiés à la rédaction de ce livre, par exemple.

Le mercredi est coupé en deux. La matinée est dédiée au marketing international. Nous faisons le point avec les équipes internationales, qu'elles soient en France ou à l'étranger. J'ai ensuite une heure trente de pause dédiées soit à la création de contenu soit à des lives de lancement pour JOONE. Si je n'ai rien à enregistrer, je vais faire du sport. Ensuite, j'ai mon comité de direction avec tous les membres. Nous parlons pendant plus de deux heures de tous les sujets et des projets en cours, des problèmes et des réussites et j'enchaîne ensuite avec une séance très « Excel » durant laquelle je compile les différents fichiers et KPI* de la boîte.

Le jeudi débute toujours par la matinée dédiée au « Plan d'animation marketing » où nous travaillons sur le plan marketing du mois en cours ou bien faisons un retour d'expérience sur le mois précédent. L'après-midi est dédié aux sujets RH avec un point spécifique et des sessions de trente minutes dites « *on demand* »* que n'importe qui chez JOONE peut réserver pour me parler du sujet de son choix.

Le vendredi, je commence par une séance de sport suivie de deux grosses séances dédiées à la stratégie ; le matin, stratégie internationale et l'après-midi, stratégie France. Il arrive qu'on puisse caler des réunions, mais le vendredi est normalement chez JOONE un « *no meeting day* », c'est-à-dire une journée sans réunion. Nous pouvons juste nous retrouver pour parler de la stratégie, donc débattre ensemble sur des projets à long terme.

Tout ce qui se trouve dans les différentes cases est géré par mon assistante Julie qui fait le tri entre toutes les sollicitations et qui gère à ma place tout mon agenda. Elle a la liberté absolue de me faire faire ce qu'elle estime être prioritaire et de bouger un peu tout pour faire entrer les sollicitations dans mon agenda. Je lis tous mes mails, que je trie avec d'un côté, « à accepter » et, de l'autre, « à refuser » pour qu'elle puisse répondre à ma place. Le rôle de mon assistante est clé dans ma gestion au quotidien, vu le nombre de sollicitations que je reçois sur les différentes plateformes (e-mail, LinkedIn, Twitter, Instagram). J'essaie de répondre à ceux qui me demandent un conseil en direct, mais le temps me manque. Je n'ai pas beaucoup de temps libre. Je mange souvent la même chose à midi (un « poke bowl » végétarien ou une soupe) et je carbure au thé vert et au Coca Zéro® (ce qui est moins bien, j'en conviens).

Les soirées sont consacrées à mon fils que je vais chercher à la crèche et qui dîne ensuite avec moi avant d'aller se coucher. Ensuite, soit je travaille à nouveau, soit j'ai un engagement professionnel et ma nounou vient garder mon fils quelques heures, le temps que je reparte travailler. Je me rends à ce genre d'engagements deux à trois soirs par semaine, ce qui crée une fatigue complémentaire car je ne fais que travailler et que je dors peu pendant deux ou trois jours. Un soir toutes les deux semaines, mon masseur Yves vient à la maison. C'est un super kiné qui me permet de remettre un peu d'ordre dans mes muscles qui sont sous tension perpétuelle, notamment ceux de mon épaule droite qui me fait toujours un peu souffrir.

Le week-end, je travaille en fonction des priorités et des urgences. Tout ce que je n'ai pas eu le temps de traiter pendant la semaine sera géré le week-end, pour débuter la semaine à neuf. J'essaie de voir mon fils, mes amis, d'aller monter à cheval, bref, de me détendre au maximum. Avec la naissance de mon fils, j'ai appris à ne plus prendre du temps le week-end, surtout que je suis seule avec lui. Je ne peux pas du tout travailler si Hadrien n'est pas en train de faire une sieste, et comme il dort beaucoup la nuit, il ne fait qu'une sieste d'une heure dans la journée, ce qui laisse peu de temps au travail. Ce n'est pas plus mal.

Alors oui, ce planning laisse très peu de place à l'inconnu ou à la spontanéité, je l'ai dit. J'arrive pourtant à caler à la dernière minute des choses un peu sympas si elles se présentent, mais il est vrai que ce cadre bien posé me permet surtout un sentiment de grande sécurité émotionnelle au quotidien et de ne pas subir ma semaine en ayant l'impression qu'elle m'a « roulé dessus ». Je suis déjà assez fatiguée au quotidien pour ne pas avoir à rajouter du chaos au chaos en raison d'une mauvaise organisation. Cela se ferait au détriment de ma santé mentale à laquelle je fais très attention. C'est pour moi un indispensable pour bien travailler.

CARD et STOP & ENCORE

J'utilise beaucoup ces deux méthodes de travail avec mes équipes mais aussi pour moi-même.

Le CARD est une technique de stratégie très facile qui permet de faciliter la prise de décision, notamment lors des points avec mon équipe. Ils remplissent un document expliquant le Contexte, leur Analyse, me font leur Recommandation et ensemble nous prenons la Décision. Cela permet à chacun de synthétiser au mieux et d'arriver à une décision rapide pour éviter de faire sans fin le tour d'un problème.

La méthodologie STOP & ENCORE est un travail à faire une fois par an. Il implique de faire un tableau à quatre colonnes et deux lignes. Les colonnes sont STOP, START, DO MORE, DO LESS (arrêter, commencer, faire plus, faire moins), et les deux lignes sont pour la vie perso et la vie pro. Il faut ensuite le remplir pour s'auto-évaluer sur les choses qu'on souhaite arrêter de faire, commencer à faire, faire plus ou faire moins dans son quotidien, au travail ou chez soi. C'est un exercice très vertueux qui permet en quelques minutes et à tout le monde de faire une autoévaluation de sa vie. Je le recommande fortement.

Accepter de ne pas « multitasker »

Mon quotidien est une question de choix, notamment celui de prioriser mes actions.

Je n'ai par exemple presque aucune notification sur mon téléphone : je reçois les SMS et les appels et je n'utilise qu'une seule messagerie cryptée pour les gens qui me sont ultraproches. Je n'ai donc aucune notification pour mes mails, perso ou pros, ni pour Instagram, ni pour mes WhatsApp, ni pour Twitter, ni pour Slack. Rien qui vienne perturber ma concentration et qui me demanderait plus de temps pour accomplir mes différentes tâches.

« J'inbox », c'est-à-dire que je lis mes mails, trois fois par jour : le matin, le midi, le soir. J'ai une case « Inbox » dans mon agenda dédié exclusivement à ça. J'archive les mails lus et répondus, je réponds très souvent aux mails comme si c'étaient des textos, c'est-à-dire avec un « OK » ou un « vu ». Je trie les mails que Julie va pouvoir traiter et je garde en « non lu » les mails importants qui vont me demander du temps. Tout ce qui me prend moins de deux minutes est géré comme ça. Idem pour les « slacks » et les messages sur WhatsApp : je lis tout, je réponds si besoin, et si le sujet est trop important ou long, je réponds « Peux-tu me l'envoyer par e-mail stp ? », comme ça je centralise dans mes mails les sujets importants. Je conserve ces mails plus denses et y réponds quand j'ai un peu plus de temps, pour y mettre un peu plus de forme ou bien prendre le temps de tout analyser.

Je vais sur WhatsApp entre chaque réunion ou quand je m'ennuie. Comme j'ai un déficit d'attention, j'ai parfois besoin d'avoir deux choses en tête pour que mon cerveau soit posé. Cela ne veut pas dire « multitasker », cela est juste une manière de garder mon cerveau concentré. Je ne crois pas au « multitasking ». Je pense que c'est une erreur de croire que l'on ferait mieux deux choses en même temps que deux choses l'une après l'autre.

Je vous propose d'ailleurs un court exercice qui devrait vous plaire. Posez ce livre, prenez une feuille de papier et un stylo. Prenez votre smartphone et préparez le chronomètre. La première étape consiste à écrire le mot « MULTITASKING » en entier, en lettres bâtons, puis à écrire en dessous le chiffre correspondant à la lettre, c'est-à-dire 1 en dessous du M, 2 en dessous du U, etc. Lancez le chronomètre lorsque vous écrivez le premier M et arrêtez-le quand vous avez écrit le tout dernier chiffre.

Une fois cette opération réalisée, retournez la feuille, puis mettez votre chronomètre à zéro. Vous allez écrire la même chose, mais au lieu de faire M puis, U puis, L, et ensuite de faire 1, puis, 2, puis, 3, vous allez écrire M, puis, 1, puis, L, puis, 2, etc. C'est-à-dire que vous alternez les lettres et les chiffres. Vous lancez le chronomètre au premier M et l'arrêtez au dernier chiffre.

Vous avez fait le test ? Vous avez réalisé quoi ?

Je meuble un peu pour ne pas vous donner le résultat trop tôt et éviter que les lecteurs qui se baladent un peu sur la page ne se fassent « spoiler » la solution. Normalement, vous avez mis cinq à dix secondes de plus pour faire le deuxième exercice… Pourquoi ? C'est hyper simple : votre cerveau travaille plus vite sur une suite de choses similaires (des lettres puis des chiffres) qu'en alternant chiffres et lettres à chaque fois. C'est la vertu de la concentration et la preuve de l'inefficacité du « multitasking ». *You're welcome ! :)*

Accepter de prioriser

Sur la gestion des priorités, je n'ai pas inventé grand-chose et je me sers de la matrice d'Eisenhower.

Les tâches importantes et urgentes sont à gérer en priorité, les tâches importantes, mais non urgentes, sont à planifier (donc à mettre dans une case), les tâches qui ne sont pas importantes, mais urgentes, sont à déléguer et les tâches qui ne sont ni importantes et ni urgentes sont à abandonner et finissent dans le dossier « à refuser » de Julie.

La définition de l'urgence, c'est « une urgence vitale et absolue » pour l'entreprise et elle est très claire : c'est quelque chose qui empêche la boîte de fonctionner. Exemples : le site est « crashé », un produit est en rupture de stock, il y a une grosse urgence de relations publiques, une demande expresse d'un investisseur ou d'une banque ou un problème RH. Tout le reste peut être planifié et intégré dans mon agenda à plus ou moins long terme.

Prioriser, c'est accepter de dire qu'une tâche, qu'une dépense de temps, est plus importante qu'une autre. Car la plus grosse « dépense » est et sera toujours le capital humain. Je suis intimement convaincue que ce qui fait le succès d'une entreprise, c'est la somme des gens qui y travaillent.

Accepter de prendre du temps pour soi

J'ai mis très longtemps à accepter de prendre du temps pour moi sans ressentir une forme de culpabilité vis-à-vis de mon équipe. Je crois très fort au fait de diriger par l'exemple :

si je demande à mes équipes de le faire, c'est que je l'ai déjà fait moi-même. Je trouve ça très important. Il y a plein de jobs chez JOONE que je ne fais plus, mais que j'ai faits au lancement, je réalise donc bien les différentes charges que représentent les différentes fonctions, même si, Dieu merci, toute notre équipe est bien plus experte que je ne l'étais à l'époque à leur place. Néanmoins, je trouve ça important, à la fois pour la cohérence, mais aussi pour le respect du travail de chacun, de savoir s'y projeter.

C'est donc naturellement que j'essaie d'être la première arrivée (c'est rare, notre « office manager » arrive très tôt), mais aussi la dernière partie (depuis que j'ai mon fils, c'est devenu tout à fait impossible). Je trouve très pénible, de devoir vivre avec un sentiment de culpabilité permanent quand je fais quelque chose de totalement personnel. Pourtant, je travaille énormément et mes équipes le savent : elles me voient au bureau, ont accès à mon agenda, savent ce sur quoi je travaille. J'ai dû me poser la question notamment quand j'ai voulu mettre une séance d'équitation en semaine un matin, car je ne voulais pas le cacher, mais j'en avais un peu honte. Je trouvais ça vraiment limite de prendre du temps pour moi sur mon temps ouvré alors que j'aurais pu organiser une réunion.

Mon coach Adrien m'a forcée à me poser ces questions : Est-ce que personne chez JOONE ne va au sport sur sa pause déjeuner ? Est-ce que le fait que je sois à l'équitation entre 9 h et 11 h empêcherait les autres de travailler ? Est-ce que je suis capable d'accomplir ma « to-do list » de la journée malgré cette séance ? Est-ce que le fait que je travaille tous les soirs après 20 heures n'est pas un engagement suffisamment fort pour que je mérite cette pause ? Et surtout est-ce que cette pause m'était indispensable ?

Évidemment, les réponses étaient claires : si j'offre une telle flexibilité aux gens qui travaillent avec moi, il était dommage de ne pas pouvoir en profiter aussi, et surtout au nom de quoi m'en priver ? Je travaille dur pour que notre entreprise grandisse, que nos collaborateurs s'y épanouissent. Avec le temps, et le travail sur moi, j'ai appris à ne pas me sentir coupable ni à devoir me justifier, même si c'est toujours difficile.

C'est la même chose avec mon fils quand je rate quelque chose ou que je débarque à la crèche à 18 h 20 quand elle ferme à 18 h 30. Je me dis que je passe à côté de certaines choses et que les gens doivent certainement me juger un peu. Certaines personnes me le disent avec cette phrase que je déteste : « Ah, il fait des bonnes journées ! » Comprenez, il passe beaucoup de temps sans vous, ici, à la crèche. Oui, mon fils fait de bonnes journées à la crèche tout comme moi j'en fais au bureau. Ce sont mes choix et nous y trouvons une forme d'harmonie. Et ce n'est pas parce que c'est comme ça aujourd'hui que ce sera comme ça toute la vie.

Je ne citerais pas *Le Roi Lion* ici mais je maintiens quand même qu'il existe plusieurs cycles dans une vie et qu'il faut les « embrasser » plutôt que de s'y opposer. J'ai été comédienne et j'ai adoré, j'ai été prof et chercheure et j'ai adoré, j'ai été autrice et j'ai adoré, je suis entrepreneure aujourd'hui et j'adore ça. Chacune de ces phases m'a fait grandir, souffrir, « kiffer », apprendre. J'ai vécu avec des rythmes, des organisations, des contraintes différentes dans chacune de ces phases et je n'ai aucun regret. Ce n'est pas parce que ma vie va à deux mille à l'heure aujourd'hui qu'elle sera toujours aussi trépidante ni que je ne parviendrai à faire tout ce que je dois faire. Apprendre à ne pas culpabiliser des choix que l'on fait, qu'on choisisse de prendre du temps pour sa famille ou du temps pour travailler, pour assurer sa réussite et gagner de l'argent ou pour faire la charité, reste, pour moi, ce qu'il y a de plus libérateur. Pour devenir, vraiment, acteur de sa vie !

Conclusion

Alors que ce livre touche à sa fin, il est aussi l'occasion pour moi de faire un bilan, à la fois sur ces dernières années passées à découvrir le métier d'entrepreneure, mais aussi sur l'année qui vient de s'écouler, qui fut particulièrement dense en joies, en peines, mais surtout en apprentissages.

J'en parlais dans le chapitre sur l'harmonie entre la vie personnelle et la vie professionnelle, je suis convaincue que l'articulation entre ces deux pans de la vie deviendra un sujet majeur dans les prochaines années.

J'en veux pour preuve le nombre de personnes de ma génération, mais surtout de la suivante, qui mentionnent le sens, l'impact, les valeurs communes partagées comme critère essentiel lors de leur recherche d'un emploi. Que l'on décide d'être salarié, freelance, indépendant, entrepreneur, ou même de ne pas travailler, la recherche active de l'équilibre et d'une forme de satisfaction, intimement liée aux convictions et aux valeurs de chacun, est désormais cruciale et commence à primer sur de nombreux autres facteurs qui séduisaient nos parents comme la sécurité, l'argent, ou la stabilité.

De plus en plus de femmes et d'hommes rebattent les cartes et sont à la recherche d'un plus : c'est peut-être une des rares choses positives que l'épidémie de COVID a apportées. Cette période particulièrement anxiogène, où la nature a rappelé à chacun sa suprématie sur Terre, a remis en perspective de nombreux points de vue, et a réellement modifié, de manière pérenne, la façon dont nous envisageons le travail. C'est une chose dont il faut se réjouir. Si vous avez souhaité lire ce livre, c'est aussi (je pense) en partie pour cette raison, ou grâce à cela : la recherche d'un alignement plus absolu dans sa vie, et la façon d'y parvenir.

Mon parcours d'entrepreneure est, j'en suis convaincue, à ses prémices. Je suis très fière de ce que nous avons construit avec JOONE, du parcours qui m'a menée jusqu'ici, et du travail que j'ai fait sur moi-même afin d'y parvenir. Mais il me reste encore tant à apprendre et à accomplir.

J'ai aujourd'hui un rythme très dense qui convient parfaitement à la phase de croissance dans laquelle nous vivons depuis six ans, mais il me faudra à l'avenir apprendre à profiter plus de ce que la vie m'offre, notamment de mon fils, de mes proches, et d'une bonne santé. Je sais que je peux faire encore mieux pour mon équilibre et que mon travail en tant que CEO passe aussi par cette forme d'accomplissement personnel, afin de pouvoir continuer à être performante le plus longtemps possible.

Ce livre n'est pas un bilan, mais une étape. Mettre en page quelques fragments de ce que fut ma vie ces dernières années me permet de partager avec chacun et chacune d'entre vous mon expérience, et je l'espère, vous donnera force, envie, courage, confiance, afin que vous puissiez vous aussi vous lancer… que ce soit dans une aventure entrepreneuriale, dans une reconversion, ou juste pour ouvrir la réflexion, parfois très anxiogène, sur la possibilité d'effectuer des changements dans votre parcours de vie.

Il est parfois si difficile, surtout dans un climat économique et social tendu, de remettre en question sa vie et les différents choix que l'on a pu faire, de prendre des risques qui peuvent mettre en péril sa situation financière, sa vie familiale, son équilibre, sa santé mentale. J'ai ressenti ces regrets lorsque j'ai liquidé ma première société et j'ai été la première surprise d'avoir envie de recommencer, à peine six mois plus tard.

C'est d'ailleurs quelque chose qui me marque, à l'approche des derniers mots de ce livre.

De nombreuses personnes, que ce soient mes proches ou des gens qui me suivent sur les réseaux sociaux, me disent « je ne sais pas comment tu fais pour tout faire/pour y arriver », et je réponds souvent que c'est assez simple car je n'ai pas le choix. J'ai un enfant que je dois élever seule, j'ai une société avec une cinquantaine de salariés qui comptent sur moi, des dizaines de milliers de familles qui comptent sur nos produits, j'ai mes proches, mes amis qui ont besoin que je sois présente et forte chaque jour à leurs côtés.

Pourtant, c'est un peu faux de répondre « je n'ai pas le choix ». Tous ces fragments, ces événements, ces responsabilités qui peuvent paraître lourdes à porter sont le fruit de mes choix et de mes engagements. La raison principale pour laquelle j'arrive à donner autant d'énergie, d'enthousiasme, et à traverser chaque épreuve avec résilience est le choix, incarné, intime, que j'ai fait. J'ai choisi cette vie, avec ses beautés et ses sacrifices, avec ses moments de calme et ses tempêtes violentes. Je ne l'ai jamais regretté, aucun jour de ma vie, même les plus durs d'entre eux, même quand je me sens très seule et que ces responsabilités me pèsent.

C'est une des choses que le coaching m'a apprises : si l'on veut atteindre des points culminants, il faut accepter de vivre des points bas. Aucune vie n'est un oscilloscope plat, une ligne qui ne monte ni ne descend jamais, avec un niveau de bonheur constant et infiniment stable.

Les moments d'ombre, de doutes, de douleurs, forgent nos caractères, nous mettent à l'épreuve, nous offrent des défis, ébranlent nos certitudes. Les moments de bonheur intense, de joie, de réussite nous ressourcent, rechargent nos batteries et nos âmes, ouvrent de formidables poches de créativité et cimentent des souvenirs pour la vie. L'entrepreneuriat est à cette image, car on apprécie d'autant plus une victoire qu'elle nous a coûté. Il faut avoir ressenti la douleur pour pouvoir ressentir la joie et la vie en contrepartie, comme si les deux étaient intimement liées.

Alors je finirai avec ce conseil, celui que j'aurais aimé donner à la Carole de douze ans ou à celle qui a manqué de perdre son studio à cause d'un interdit bancaire : *it gets better*, que j'ai du mal à traduire en français.

Ça ne signifie pas uniquement que les choses vont s'améliorer, car ce serait faux. Dans la vie, toute chose ne s'améliore pas ; certaines pourront péricliter totalement, d'autres stagner, et d'autres grandir merveilleusement. Mais une chose formidable qui vient avec l'expérience (et l'âge certainement), c'est que chacune de ces étapes, positives, négatives ou neutres, nous permet d'apprendre toujours plus, et de devenir la meilleure version de nous-mêmes.

L'échec, bien que douloureux et difficile, est une occasion incroyable d'apprendre, de progresser, de grandir, et à ce titre, les choses, en effet, finissent par s'améliorer. Il suffit juste de garder la foi, de garder l'envie, le feu, et de toujours se rappeler que même dans les pires moments de doute, vous vous devez, à vous-même, à vos proches, à ceux qui croient en vous, de croire aussi en vos compétences, en vos valeurs, et en ce qui fera de vous un entrepreneur, une personne inspirée, incarnée, et alignée dans tous les choix de sa vie.

Glossaire

1 to 1 : Entretien entre le manager et un membre de son équipe afin de faire un point général sur les missions du collaborateur, ses projets, son *feedback* sur les pratiques managériales, sur son évolution professionnelle, etc.

Babycare : industrie autour des produits de soins pour bébé.

Board : Principal organe de direction de l'entreprise qui inclut les investisseurs.

BPI (Banque publique d'investissement) : Aide au financement des entreprises.

Business angel : Personne physique qui décide d'investir dans une société innovante avec un fort potentiel.

Claims : Promesses publicitaires dans un message commercial.

Corporate : Qualifie une chose ou une personne qui est par nature intégrée à un collectif constitué, une société ou une famille.

CRM : Customer Relationship management stratégie de gestion des relations avec les clients.

Customer lifetime value : Métrique donnant la somme des gains nets générés par un client/consommateur tout au long de l'activité commerciale avec l'entreprise.

Deck : Document sous forme de diapositives pour présenter un projet.

DNVB (*Digital Native Vertical Brand*) : Marques et entreprises 100 % digitalisées dès leur création.

Due diligence : Ensemble de vérifications qu'opère un investisseur en vue d'une transaction.

EBITDA (*Earnings Before Interest, Taxes, Depreciation and Amortization*) : Indicateur économique qui permet de mesurer le bénéfice d'une entreprise avant déduction des charges, amortissements et impôts.

Family care : Relatif aux produits d'hygiène et de soin pour la famille.

FOMO (Fear Of Missing Out) : Peur constante de manquer une nouvelle importante, un événement, une interaction sociale qui entraînerait un décalage avec les autres.

Gender reveal : Fête prénatale qui vient des États-Unis pour révéler aux proches le sexe du bébé à naître.

Highlights : Ensemble des points forts d'un projet

KPI (*Key Performance Indicator*) : Indicateur qui permet de mesurer la performance au sein d'une entreprise.

LBO (*Leveraged Buyout*) : Montage financier permettant le rachat d'une entreprise en ayant recours à beaucoup d'endettement.

Leaver : Clause du Pacte d'Actionnaire qui régit les conditions de départ d'un ou d'une fondateur/fondatrice (*good leaver* pour les cas dits acceptable, *bad leaver* pour les cas conflictuels).

Lowlights : Ensemble des points faibles d'un projet.

Medtech : Toutes les technologies destinées à l'environnement de soin.

Onboarder/Onboarding : Accueil et intégration des nouveaux collaborateurs sur les missions (feuille de route des premiers jours/semaines), les enjeux des autres équipes mais aussi sur la vie d'entreprise.

On demand : À la demande

Parental Act : Charte qui engage les entreprises signataires à prendre en charge à 100 % un congé rémunéré d'un mois minimum pour le second parent, pour leurs salariés qui accueillent un enfant.

Persona : Profil fictif représentatif d'un groupe de clients, sorte de portrait-robot du client idéal.

Pitcher : Présentation d'un projet ou d'une idée destinée à convaincre son interlocuteur.

RH : Ressources humaines.

Role model : Personne exemplaire par son parcours, son œuvre, ses valeurs et qui est (ou peut-être) imitée par des tiers.

RP (Relations presse) : Ensemble des actions menées à destination de la presse dans le but d'obtenir une visibilité pour sa marque ou ses produits.

Scaler, scalabilité : Capacité d'évoluer rapidement ct de croître.

Soft skills : Compétences humaines, comportementales, transversales d'un individu.

Softwares : Logiciels.

Solo founder : Fondateur ou fondatrice ayant lancé son entreprise seul(e).

Supply chain (chaîne d'approvisionnement) : Ensemble de toutes les tâches relatives à l'approvisionnement qui permet une bonne gestion des flux de marchandises.

Tagline : Phrase d'accroche, slogan, principalement utilisé en marketing.

Term sheet : Document synthétique des principaux termes d'un contrat d'investissement.

Watermark : Filigrane sur un document permettant d'identifier à qui il a été envoyé.

Notes

1. CRM : *Customer Relationship Management.*

2. CHA : *Customer Happiness Agent*, terme particulier à JOONE pour définir les agents chargés de toute la relation clientèle.

3. Freeman, L., Turban, S. et Waber, B., « Non, les femmes et les hommes ne se comportent pas différemment en entreprise », *Harvard Business Review*, 2017. www.hbrfrance.fr/chroniques-experts/2017/12/18203-non-femmes-hommes-ne-se-comportent-differemment-entreprise/

4. Mark Winchell.

5. www.bizjournals.com/portland/blog/2015/12/oregon-company-discloses-262-million-round.html

6. Nous sommes 11 % de fondatrices de start-up dans l'indice FT120. https://wearesista.com/wp-content/uploads/2022/11/BCGxSISTA_FrenchTech120_Des-instances-dirigeantes-tres-loin-de-la-parite_Novembre-2022.pdf et 32 % de créatrices d'entreprises d'après InfoGreffe https://business.lesechos.fr/entrepreneurs/toujours-plus-haut/coaching/0701100951805-les-femmes-creatrices-de-32-3-des-entreprises-en-2021-347355.php#:~:text=32%2C1%25%20des%20entreprises%20ont,inscrits%20au%20r%C3%A9pertoire%20des%20m%C3%A9tiers).

7. Greenberg, J. et Mollick Ethan, R., « Sole Survivors : Solo Ventures Versus Founding Teams », 23 janvier 2018. Disponible sur SSRN : https://ssrn.com/abstract=3107898 ou http://dx.doi.org/10.2139/ssrn.3107898.

8. Flécher, M., La Création de start-up, une affaire de dispositions ?, Journée d'étude « Socialisations Économiques », mars 2019, Paris, France, 6.

9. https://archives.assemblee-nationale.fr/5/cri/1974-1975-ordinaire2/039.pdf

10. Desandes, E., Clavel, J., Berger, J. O., Bernard, J.-L., Blouin, P., de Lumley, L., Demeocq, F., Freycon, F., Gembara, P., Goubin, A., Le Gall, E., Pillon, P., Sommelet, D., Tron, I., Lacour, B., « Incidence des cancers de l'enfant en France, 1990-1999 », Bulletin épidémiologique hebdomadaire, 2005, n° 32, p. 161-163.

11. Lacour, B., Guyot Goubin, A., Guissou, S., Bellec, S., Desandes, E., Clavel, J., « Incidence des cancers de l'enfant en France : données des registres pédiatriques nationaux, 2000-2004 », Bulletin épidémiologique hebdomadaire, 2010, n° 49-50, p. 497-500.

12. Mangano, J. J., « A Rise in the Incidence of Childhood Cancer in the United States », International Journal of Health Services, 1999, vol. 29, n° 2, p. 393-408. DOI : 10.2190/TGRR-L4MV-JMXC-HJKP. PMID : 10379458.

13. www.health.ny.gov/diseases/cancer/childhood/docs/is_childhood_cancer_increasing.pdf

14. AIRTUM Working Group, CCM, AIEOP Working Group, « Italian Cancer Figures, Report 2012 : Cancer in Children and Adolescents », Epidemiologic Reviews, janvier-février 2013, vol. 37 (1 Suppl 1), p. 1-225. English, Italian. PMID : 23585445.

15. INSEE, Mobilités géographiques, fiche 21. www.culture.gouv.fr/Media/Thematiques/Etudes-et-statistiques/Files/Publications/Questions-de-culture/Culture-medias-2030_variables/Culture-medias-2030_fiche-21_Mobilites-geographiques

16. www.wrike.com/fr/blog/pourquoi-les-start-up-echouent-elles-tout-ce-que-vous-devez-savoir/

17. www.rainmakers.fi/2022/08/18/comment-predire-lechec-de-sa-startup/#:~:text=En%20effet%2C%20selon%20les%20statistiques,statistique%20officielle%20ne%20le%20d%C3%A9montre

18. LeanIn. Org and McKinsey & Company, « Women in the Workplace 2021 », septembre 2021. https://womenintheworkplace.com/

19. *Ibid.*

20. Diversité, équité, inclusion.

21. Mestre, M. V., Samper, P., Frías, M. D. et Tur, A. M., « Are women more empathetic than men ? A longitudinal study in adolescence », The Spanish Journal of Psychology, vol. 12, n° 1, mai 2009, p. 76-83.

22. *Ibid.*, p. 81.

23. *Ibid.*

24. LeanIn. Org and McKinsey & Company, « Women in the Workplace 2021 », septembre 2021. https://womenintheworkplace.com/

25. Femmes et hommes : l'égalité en question, Insee 2022. www.insee.fr/fr/statistiques/6047789?sommaire=6047805

26. Perdue, T., Cherokee Women. Gender and Culture Change. 1700-1835, Lincoln, University of Nebraska Press, 1998.

27. Heald, S., Manhood and Morality. Sex, Violence and Ritual in Gisu Society, New York, Routledge, 1999.

Remerciements

Merci à ma famille et à mes proches pour leur soutien à travers les années,

à toutes les mamans que j'ai croisées ces dix dernières années et qui m'ont préparée comme jamais à ce rôle incroyable,

à tous mes JOONIES, leur présence à mes côtés est une force chaque jour,

à Adrien pour tout ce qu'il m'a enseigné,

à François, Montse, Anna, Odile, Prisca, pour les conseils avisés,

à tous nos partenaires, actuels et passés pour nous avoir accompagnés,

à mes amies de l'écosystème, Isa, Virginie, Arbia, Cathy, Agathe, Soso, Alix, Juliette, Fleur, Caroline, Claire, Hortense, Clara, Marina, Elena, Clem, Angel, pour leur sororité de chaque instant,

à mes amis de l'écosystème, Cedric, Paul, Hassen, Aldric, Alex, Bastien, Bat, Charlie, Clement, David, Evan, Francis, GerBear, les Nico, Cassa, Ronan, Guillaume, Wilson, Ivy, J, Robin, Matthieu, Randi, Antho, Tom, Vincent, Yanis,

Kim, Marc, Louis, Émilie, Quentin, William, pour me forcer à déployer mes ailes et m'encourager à voler toujours plus haut,

à mes amis d'enfance, Martin, Olivier, Thibault, Émilie, FX, pour me garder toujours les pieds sur terre,

à vous, qui avez lu ce livre par hasard ou par conviction, que vous soyez parents de notre communauté JOONE ou non, que vous ayez envie de vous lancer ou ayez juste envie de voir ce que ça fait, merci. Mille mercis.

Carole Juge-Llewellyn et JOONE Paris

Créée en 2017, JOONE Paris, pionnier de la transparence, est aujourd'hui la marque qui accompagne toute la famille en offrant des cosmétiques et produits d'hygiène du quotidien.

Véritable pionnière, Carole Juge-Llewellyn a démarré sa mission pour la transparence autour d'un produit phare sur lequel régnait une opacité sans limite : les couches pour bébés, saines et respectueuses de l'environnement.

Jeune femme déterminée, ferme et fidèle, elle est attachée à ses valeurs et celles de JOONE Paris : la transparence absolue et la volonté de créer une économie positive.

Depuis 2017, la start-up fait ses preuves et répond aux attentes d'une génération de plus en plus sensible à la qualité et à la provenance des produits qu'elle utilise.

Depuis 2017, JOONE Paris a accompagné plus de 150 000 familles, compte plus de 50 collaborateurs et réalise près de 20 millions d'euros de chiffre d'affaires dans plus de 30 pays. Pour accélérer son développement à l'échelle européenne et poursuivre la diversification de son entreprise, Carole Juge-Llewellyn a réalisé une levée de fonds de 10 millions d'euros en 2020.

En 2021 et 2022, JOONE Paris a fait partie du programme de la French Tech FT120 et le *board impact* du FT Next40/120 mise en place par le gouvernement d'Emmanuel Macron et plus particulièrement par Cédric O, Secrétaire d'État chargé de la Transition numérique qui perdure sous le mandat de Jean-Noël Barrot.

Elle se bat au quotidien pour promouvoir la place des femmes et en particulier des femmes CEO, dans l'univers des start-up et de la Tech. Grâce à son engagement quotidien et à sa détermination, Carole Juge-Llewellyn est lauréate du classement des 40 femmes Forbes 2022, faisant partie des femmes les plus influentes de l'année selon le magazine.

Avec JOONE Paris, Carole-Juge Llewellyn s'est imposée dans l'écosystème start-up comme figure de la transparence et de la traçabilité pour offrir aux consommateurs des choix durables, sans compromis.

Carole Juge-Llewellyn a remporté plusieurs prix : le BFM Awards de l'Engagement 2020, le prix FT 120 en 2021 et en 2022, le prix SISTER 10 Femmes en 2021, et elle est dans le classement des 40 femmes FORBES 2022, et des 100 personnalités Choiseul de 2023.

Sous la direction de : Ambre Rouvière
Assistante éditoriale : Emma Guillaume
Correction : Nord Compo
Composition : Nord Compo
Conception graphique de la couverture : Nord Compo
Photo de couverture : © Photo par Ingrid Acquier – Bee By Ingrid Photographie

Depuis 2009, Prisma Media met en place une politique d'achat éco-responsable. Ainsi, près de 100 % du papier de nos magazines est certifié PEFC (gestion durable des forêts). La fabrication des livres des Éditions Prisma s'inscrit également dans cette démarche.

Dépôt légal : avril 2023 – n° d'impression 101 869
Achevé d'imprimer en France par : Imprimerie Floch